智造中国

中央广播电视总台财经节目中心　编著

电子工业出版社·

Publishing House of Electronics Industry

北京·BEIJING

内 容 简 介

本书衔接中央广播电视总台财经节目中心《智造中国》大型纪录片，以图文形式生动讲述中国企业的智造故事，内容涵盖制造业的支柱产业和智能制造的核心技术，充分展示了中国智造在不同领域的具体实践和应用，集中体现了中国制造业发展中的智慧和创新，为未来智能制造的发展提供了可借鉴的经验和技术支撑。

图书在版编目（CIP）数据

智造中国 / 中央广播电视总台财经节目中心编著 . — 北京：电子工业出版社，2023.9
ISBN 978-7-121-46022-7

Ⅰ．①智⋯　Ⅱ．①中⋯　Ⅲ．①智能制造系统—制造工业—工业发展—中国　Ⅳ．① F426.4

中国国家版本馆 CIP 数据核字（2023）第 137216 号

责任编辑：马文哲
文字编辑：关永娟
印　　刷：河北迅捷佳彩印刷有限公司
装　　订：河北迅捷佳彩印刷有限公司
出版发行：电子工业出版社
　　　　　北京市海淀区万寿路173信箱　　邮编：100036
开　　本：720×1000　1/16　印张：17.5　　字数：280 千字
版　　次：2023 年 9 月第 1 版
印　　次：2024 年 6 月第 4 次印刷
定　　价：108.00 元

《智造中国》纪录片演职人员名单

出品人	慎海雄　金壮龙
总策划	彭健明　辛国斌
总监制	梁建增　田玉龙　高东升
监制	蔡俊　王卫明
总制片人	陈红兵　尹文
制片人	李想
总导演	李曼为
策划	程晓明　汪宏　张红宇　叶猛　赵奉杰　徐静
总撰稿	李曼为　周义海
顾问	朱森第　张相木　屈贤明　蒋白桦　刘九如　郝玉成　鞠恩民　谢兵兵　赵杰
执行总导演	刘莹
导演	颜莹莹　周义海　唐红　郑小木　郑伟荣
统筹	陈克龙　谢少锋　常国武　徐春荣　何亚琼　冯长辉　乔跃山　李勇　余晓晖　张立　赵新华　朱师君　瞿国春　王传臣　欧阳劲松
项目协调	左世全　马剑　杜伟伟　陆瑞阳　樊烨　马文哲　董凯　李铮　郭楠　尹峰　刘丹　杨希　关永娟　杜强　李佳
导演助理	郝凤霞　郑昌达　李雨芯　任心语
摄像	孙明进　胡光　沈鹏　苗壮　刘通
摄像助理	邱卓　艾小龙　刘帅　许普悦　韩博阳　张美华

《智造中国》图书编辑工作委员会

前言

　　工业尤其是制造业是国家经济命脉，工业强则国强，这是全人类的共识。习近平总书记多次强调，"要以智能制造为主攻方向推动产业技术变革和优化升级，推动制造业产业模式和企业形态根本性转变"。智能制造已成为我国工业由大转强的重要推动力。

　　为推进中国制造业转型升级，促进中国制造业向全球价值链中高端迈进，加大智能制造理念普及广度与深度，总结推广智能制造试点示范成果，促使制造业企业，尤其是那些尚在观望、犹豫的企业，更快速、更坚决地实施智能化改造；促使人民群众，尤其是非制造业内人士重新认识和了解中国制造，中央广播电视总台财经节目中心拍摄了大型纪录片《智造中国》。

　　《智造中国》纪录片包括《智造浪潮》《慧眼识真》《得心应手》《机思敏捷》《智领未来》共五篇，以数据为生产要素，以科技为支撑，以提高生产效率为主线，对产业链的全流程进行数字化再造，产业数字化将突破数字世界和物理世界之间的边界，成为打通线上与线下、激发新业态和新模式的关键"密码"。

为进一步在全球范围内讲好中国工信故事，我们以《智造中国》纪录片内容为基础、以图文混排的形式，编写本书。本书的出版将与《智造中国》纪录片有效衔接，覆盖不同渠道，以满足不同读者和观众群体的需求。

本书以 30 多个中国企业的成功智造案例为主要内容，展示了中国智能制造在不同领域的具体实践和应用，涵盖制造业的支柱产业和智能制造的核心技术，集中体现了中国在制造业发展方面的智慧和创新，为未来智能制造的发展提供了可借鉴的经验和技术支撑。

我们相信，《智造中国》一书的出版，将同纪录片一道掀起一股热潮，一定会受到关心中国制造的广大读者的喜爱，推动智能制造赋能高质量发展。

编著者

2023 年 6 月

目录

第一篇

智造浪潮

第一节　定制产品　开启智造　　　　　　　　　　3

　　海尔智造——筑梦未来　　　　　　　　　3

　　长城汽车——智惠农民　　　　　　　　　10

第二节　智能制造　助力建筑　　　　　　　　　19

　　博智林——建筑机器人　　　　　　　　　19

第三节　智能制造之基石　工业互联网　　　　　26

　　树根互联——智慧生态　　　　　　　　　26

第四节　数据能源　迎来超级智能时代　　　　　36

　　中信戴卡——智慧生产　　　　　　　　　36

　　航空西飞——数字化装配　　　　　　　　41

第二篇

慧眼识真

第一节　大开眼界　　　　　　　　　　　　　　51

　　明阳智造——风电千里眼　　　　　　　　51

　　梅卡曼德——智慧物流仓　　　　　　　　57

第二节　智能检测　　　　　　　　　　　　　　63

　　凌云光——手机智能检测　　　　　　　　63

　　格创东智——液晶面板智能检测　　　　　71

第三节　智慧之眼　　　　　　　　　　　　　　79

　　博尔塔拉——智能巡检　　　　　　　　　79

第四节　航天智造　　　　　　　　　　　　　　86

　　航天八院——精准装配　　　　　　　　　86

　　中科院高能物理——猎人星座计划　　　　92

第三篇

得心应手

第一节　大显身手　　　　　　　　　　　　　103

　　广船国际——智能焊接　　　　　　　　　103

　　葛洲坝——智能检修　　　　　　　　　　114

第二节　中国数控机床的跃迁　　　　　　　　125

　　精雕集团——数控系统　　　　　　　　　125

第三节　灵巧的大力士　　　　　　　　　　　132

　　埃夫特——大负载机器人　　　　　　　　132

　　北工大——RV 减速机　　　　　　　　　138

第四节　智手探天　　　　　　　　　　　　　147

　　非夕科技——自适应机器人　　　　　　　147

　　航天五院——天河机械臂　　　　　　　　153

第四篇

机思敏捷

第一节　足智多谋　　　　　　　　　　　　　163

　　恩平油田——无人化采油　　　　　　　　163

第二节　智慧钢铁　　　　　　　　　　172

　　湛江钢铁——精准轧钢　　　　　172

　　青岛特钢——向智能要效率　　　179

第三节　智能工厂　　　　　　　　　　188

　　杰瑞装备——智能井场　　　　　188

第四节　算力重塑制造　　　　　　　　196

　　高铁"中国芯"——IGBT 芯片　　196

　　成都智算中心

　　——中国西南地区大型的算力"底座"　203

第五篇

智领未来

第一节　智能大势　　　　　　　　　　213

　　长春一汽——繁荣工厂

第二节　智慧农业　　　　　　　　　　221

　　内蒙古伊利——生态智慧牧场　　221

　　海南普盛——智慧海洋牧场　　　235

第三节　闻"机"起舞　　　　　　　　241

　　工业软件——智造灵魂　　　　　241

　　秦川机床——工业母机　　　　　246

第四节　驭势者赢　　　　　　　　　　255

　　工业富联——精密制造　　　　　255

　　无锡先导——智能锂电　　　　　260

第一篇

智造
浪潮

2023 年伊始，ChatGPT 聊天机器人火了，它能写作，会编程，甚至轻松通过专业的医学考试。

"时人不识凌云木，直待凌云始道高"。从打遍天下无敌手的"阿尔法狗"到今天的聊天机器人，我们再次审视人工智能的强劲算力和成长速度。

人类的进步是按时间顺序线性增长的，而人工智能的进步是指数级别的爆发式提升。算法足够成熟，数据足够丰富，使人工智能正以完全不同的方式推动人类向前。为生产"智"造惊喜，为生活创造奇迹。

这不是未来，这就是当下。

浪潮已经涌来。

第一节
定制产品　开启智造

海尔智造——筑梦未来

　　距离下一个销售旺季还有 4 个月的时间，宋琬（泰国一家高端家电零售企业的副总裁）希望打造一款新型洗衣机，以此引爆泰国的家电市场。

丁 征
海尔洗衣机东南亚
产品总监

我们有一个大数据平台，可以收集到全球用户的需求，然后我们马上就有技术来匹配这些需求。

宋琬对这款新型洗衣机提出三个要求：（1）一定要与众不同；（2）4个月交货；（3）首批订单订购50台。

订购量这么小，要求还如此苛刻，很多企业都望而却步，但一家中国企业迅速接下了她的订单。

这家企业在全球拥有130多家工厂，共十几万名员工，这些员工围绕一个以订单为核心的平台开展服务。

这就是今天的青岛海尔，依托独具特色的工业互联网平台，练就了一套灵活的"组合拳"，犹如百变金刚，完成这样的订单轻而易举。

接下泰国订单后，远在青岛工厂的各个单元在平台上纷纷启动。第一时间响应的是产品总监丁征，他首先要上平台找数据。

丁征和设计团队在大数据平台上分析东南亚家庭的生活习惯，捕捉到三个关键词：夏凉被、10公斤以上、深色。只用了30天的时间，他们就确定了新款洗衣机的设计，即大筒径、大开门。

接下来，工厂的互联网平台上就发出了一道挑战令，新订单要求的筒径要达到601毫米，紧急征集大筒径工艺难点的解决方案。

刘泰宏
海尔集团工艺部
工程师

不管是谁，是否和这个问题有关，是否和这个岗位有关，都可以去抢单，这就相当于整个问题开源了。

张彬彬
海尔集团生产部
经理

我们通过工艺创新，增加导向套功能，使内筒在压装时，百分之百水平运动。

刘泰宏，海尔集团工艺部工程师，他接下了挑战令：不管是谁，是否和这个问题有关，是否和这个岗位有关，都可以去抢单，这就相当于整个问题开源了。产品不一样，判定逻辑不一样。我们通过调整判定逻辑，解决了泰国订单大筒压装成型过程中筒口容易变形的问题。

张彬彬，海尔集团生产部经理，他接下了挑战令：我们通过工艺创新，增加导向套功能，一共增加 18 个导向套，使内筒在压装时，百分之百水平运动，解决了大口径内筒压装不稳定的问题。

袁志丰
海尔集团工艺部
工程师

我们通过积分奖励制度带动全员参与其中，大家都会去抢单，会去抢这个问题点，争取把积分算到自己的名下，这样对自己是一种激励，也是一种荣誉。

　　袁志丰，海尔集团工艺部工程师，他也接下了挑战令：我们通过积分奖励制度带动全员参与其中，大家都会去抢单，会去抢这个问题点，争取把积分算到自己的名下，这样对自己是一种激励，也是一种荣誉。大筒内侧容易被膨胀型模具划伤，我们提出改用聚四氟乙烯做模具，解决了这个问题。

工业互联网消除了客户和员工的距离，每个员工直接面对客户，以前是员工听企业的，现在员工听客户的。每个人都直接参与新产品的设计、制造，甚至营销过程。

相当于大家就在看着同一张作战地图，大家真的是一个共同体，每个人都是前线的战士。

竞单上岗，按单聚散，所有人都可以同时在不同的订单里承担不同的任务。每个人都如同一颗粒子，在工厂里形成了万链同心圆般的效应，推动整个企业迸发出极大的动力和效率。

这是对传统组织模式的彻底颠覆。

65 天后，这笔泰国订单的首批产品开始生产。

周云杰

海尔集团 董事局主席、首席执行官

工业互联网对我们来讲，有人说摸着石头过河，有时候我们感觉连石头都没有，就是在里边，蹚着水走，你不过这个河，必然会被时代淘汰。

　　在海尔洗衣机柔性生产线上，能够同时生产 136 种不同型号的洗衣机，迷你款的内筒径只有 345 毫米，而最大的筒径超过 600 毫米。平均 18 秒就有一台洗衣机下线。

　　泰国的订单产品在这里提前下线，迅速发往泰国，它们的售价是当地洗衣机平均价格的 3 倍以上。

　　这款洗衣机在泰国上市，广受好评。"后续它可能有 500 台、5000 台，甚至是 50000 台订单，市场研发、工厂，包括供应商所有节点的人都会关注这个事，因为它持续地爆单，和我们每个节点参与进来的人都是息息相关的。"

　　智能制造，并非简单的设备革新，而是思维模式的颠覆，正是这种颠覆让中国产品开启了快速创新之路。

长城汽车——智惠农民

一键触发，所有的机器同时启动，行刀的轨迹、切口的深浅全部由机器自己决定，天地间多年的更替演绎第一次领略到了整齐划一的团体操魅力。

这也是王海强（云南省西双版纳傣族自治州勐腊县农民）第一次在自己家附近见到如此智能而高效的割胶机。今天，即便是在远离都市的大山里，人们也与智能时代零距离。

　　"读书的时候我们走路，听见那个拖拉机的声音，就想赶着去追去坐，那个时候最想有一辆车。"

　　春茶刚卖完，王海强的汽车梦又浮在心头，坐在自家院子里，王海强在手机上选了一台车，还提出了一些特别的需求。

　　"挡泥板可以再长一点点，然后货箱能搞成平板，那样对于我们茶农装茶比较方便。"

　　要知道，几年前在这里买台摩托车都要翻山越岭，跑去城里。在手机上下单买车，王海强还是头一次。

　　一周后汽车厂商——长城汽车就回复了，他订的汽车已经排上了生产日程。

　　如今的长城汽车厂就是一个由"变形金刚"组成的世界。379 个机器人分工协作，正在以统一的节拍高速律动。全球售出的每 3 辆新车中，就有 1 辆产自中国。

汽车厂里，王海强订的车已经开始制造。

每台车都有一个"身份证"，那是一个27位的数字代码，里面包含了这台车所有零部件和生产顺序的信息，甚至车主是谁，都一清二楚。

机器人只需要"看"一眼"身份证"，就开始抓取对应的零部件。虽然一台车的焊点超过4000个，但145个机器人密切配合，每72秒就有1个车身离开焊装车间前往下一道工序。

过去，要生产一款新车，就要新建一条生产线。而现在，汽车厂的生产流程都是模块式的，想生产什么，只需要把新产品的模块接口调过来就可以了。

数字系统本着先订先得的原则，给每一台车规划了最优的生产路径，由它们自行前往下一个车间。王海强定制的汽车就在这批队伍里。

在喷涂车间里，机器人正在给汽车车主选定不同颜色。

王海强选的是白色。

以前一条生产线只能喷涂一种颜色。现在，在机器人的"大脑"里，颜色信息是位于"身份证"第 17~18 位的数字代码，它们可以快速读取这些信息，进行颜色切换。

在这里，颜色的青春找到了绽放光彩的知音。

张文军
长城汽车股份有限公司重庆分公司设备动力部 部长

在秋茶采摘前，王海强开上了自己定制的这台车。

智能制造彻底打破了企业和用户的边界。如今，在长城汽车柔性生产线上100%都是客户预定的产品。过去是企业生产什么就卖什么，现在是客户需要什么企业就生产什么。

人类无穷多样的细分需求，依靠智能制造精准实现，让消费和生产这两端配合自如。

自如如愿，自如如歌，今天的制造可以像唱歌一样悠然自得。

过去，要生产一款新车，就要新建一条生产线。现在，汽车厂的生产流程都是模块式的，想生产什么，只需要把新产品的模块接口调过来就可以了，这彻底改变了制造业的基础。

智造案例解读

海尔是一家老牌的家电企业，作为智能制造先行先试者的海尔天津工厂是全球首个兼容全自动波轮、滚筒洗衣机柔性生产线的大规模定制互联工厂。该工厂以卡奥斯COSMOPlat工业互联网平台为核心，全流程透明可视，通过大数据进行应用分析，构建了物联网，实现了数字化，生产效率提升45%，年减少碳排放量230吨；质量水平提升26%，响应速度提升30%，为用户带来了最佳产品体验。

同时，海尔基于"人单合一"和"大规模定制"模式打造的卡奥斯COSMOPlat工业互联网平台，也服务了其他不同的行业。

一、智能制造的场景是什么

场景一：内筒生产线智造场景

作为洗衣机产品的关键部件，内筒的质量决定了整个洗衣机的质量。其中激光焊接这道工序特别重要，在高转速下如果按照传统的焊接方法，物耗特别高，且焊接的内筒容易开裂。它通过利用原材料数据、工艺数据、产品总成检测数据、设备数据等大数据，形成数字孪生模型，对焊接结果进行提前判定与诊断，实现了焊接精确度提升到100%、缺陷率降低到0、直通率提升到100%的目标。

场景二： 智慧物流智造场景

工厂的物流总装和AGV之间，实现了自动交互。AGV可根据总装情况，进行智能调整，满足生产需求。

基于"5G+智能识别"的"无人夹抱车"，能够智能规划路径、装卸货物，可以将从流水线上下来的洗衣机自动码放、夹抱至预定区域。

场景三： 柔性生产线智造场景

配有3000余个传感器的工业互联网柔性生产线，能同时生产波轮和滚筒洗衣机，并可根据用户需要进行定制生产。

可生产多达136种，包括波轮、滚筒、大容量、节能等不同配置的产品，还可通过先进技术，实现30秒内21道工序一键换型，27种工艺、46类设备实时切换的高效生产。

场景四：AR远程指导智造场景

工作人员在生产过程中，一旦遇到技术难题，可以使用AR远程指导求助专家。员工佩戴上了AR眼镜，专家以第一视角了解现场实际状况，通过实时标注的方式，协助指导员工解决各项技术难题。

二、与以前相比解决了什么问题

解决问题一：实现事前预防

在互联工厂建成之前，绝大多数设备是半自动单机，没有信息化功能，不能实现设备性能的自动采集，无法获取有效数据；过程质量管控靠人工测量，差异因素较多，导致数据一致性差；焊接强度等质量指标需要进行拉伸、杯突等破坏性实验，测试质量成本高；只有在生产完成后通过实验才能知道结果，问题的发现具有滞后性。建成互联工厂之后，洗衣机生产线实现 100% 的自动化，数据采集全自动，信息完全互联互通；智能设备自动检测，过程质量管控精准高效；构建了产品制造和设备运转的数字孪生模型，一旦有数据发生变异，模型可以及时判定结果，有效降低实验成本；通过对数据趋势的跟踪，可以提前研判、诊断可能发生的质量问题和设备运转问题，及时指导生产线做出调整和部件更换，做到了事前预防。

解决问题二：实现智能应对

颠覆了传统的物流模式，提高了生产效率，减少了差错，降低了库存；在用户定制订单在生产线上混线生产的情况下，实现物流的智能应对，从"人找物"转变为"物找物"。

解决问题三：实现智能匹配

解决了产品的库存问题，颠覆了传统的人工周转、手工匹配的生产方式，快速应对用户的多样化需求，大幅度缩短了生产周期。

解决问题四：实现远程指导

AR 远程指导及时、有效地解决了生产中的各项技术难题，保证了产品质量，从而提高了用户对产品的满意度。

第二节

智能制造 助力建筑

博智林——建筑机器人

建筑则是另一种自如。

建筑机器人的应用，正在带动整个建筑产业转型升级。

图中的这款建筑机器人诞生自广东佛山，那里有一个 2000 多人的机器人研发团队，平均年龄只有 31 岁。

　　这个团队刚成立 5 年，就已经研发出了 50 多款建筑机器人。铺贴机器人是其中最新的一款。工人铺贴一块地砖最快也要 4 分钟，而机器人只用了 50 秒。地砖机器人设计师刘建平刚刚还在为铺贴机器人的表现沾沾自喜，公司却提出新要求，必须在两个月内，把机器人的铺贴速度缩短到每 10 秒 1 块。

　　刻不容缓，王克成等人迅速组织了 100 多人的联合攻坚团队。

　　机械工程师决定把机械臂的尺寸加长，同时把机器人抓取地砖的位置从身后改到身前，仅这两项改造就可以节省 25 秒。

　　视觉工程师在改造机器人的"眼睛"，在光源上，他们用特定频率的红光代替白光，增强抗干扰性，同时用人工智能技术提高图像处理效率，这样又减少了 10 秒。

算法工程师正在开发新算法，此前机械臂只能在静止时才能调平地砖的位置，新算法让机械臂在运动中自动调平，这样又节省了5秒。

在接到任务的第59天，新一代铺砖机器人再次出场。

这一次，机器人铺贴一块地砖用时11秒，距离目标还是差了1秒。

1秒，还能从哪里再多减1秒？

他们再次全力出击：优化算法，缩短机械臂停留时间。

刘建平
地砖机器人 设计师

我们当时整个人都蒙了，机械臂从左边转，再从右边转，这样一个来回的周期10秒是达不成的，怎么也得20多秒。

最后他们实现了 9.5 秒铺一块砖的效果。刘建平什么也没有说，就是去拍了几下机器人，很是激动。

　　刘建平和一组建筑机器人，即将奔赴澳门。在这所在建的医院里，机器人正进行大厦的内部装修。建筑工人在平板电脑上设定了几个参数，一旁的机器人就扭动着"身体"开始工作了，不到一个小时，地下车库的墙面喷涂作业就完成了。

　　孩童时的我们，也曾幻想能学齐天大圣，拔一根毫毛就能千变万化，神通广大。如今，智能制造让曾经的幻想变为现实。

　　时代赋予了这群年轻人无限创造的空间，而他们也在用自己的智慧改变着时代。

智造案例解读

中国拥有世界上最大的建筑市场，而建筑行业劳动密集，施工危险，建筑质量差异大。

建筑机器人的应用，正在带动整个建筑产业转型升级。工人们通过学习转岗成为建筑产业智能建造技师，从危险重复的体力劳动转向技术含量更高的岗位，人机协同指挥机器人盖房子。机器人施工队正在中国的 300 多个项目上施工，在解决建筑行业劳动力稀缺问题的同时，也改变了建筑行业的施工流程，实现了应用项目的降本增效。

一、智能制造的场景是什么

场景：混凝土整平智造场景

在不同的天气情况下，混凝土凝固的时间是不一样的。因此需要实时对混凝土材料进行监测。

整平工序时，需要把完成面的精度误差掌控在 3 毫米以内，那么机器人上的激光接收器和发射器所获取的数字精确度至关重要。但建设施工时产生的震动和昼夜光线条件等都对激光成型的精度产生很大影响。博智林机器人克服了这些问题，即使在高频运转的时候，工地作业机器人依然可以实现自动调频纠正，并将测量的数据实时上传到"机器人集群管理系统"，对现场施工进行实时指导。

二、与以前相比解决了什么问题

解决问题一：减少"找平"工序

在建造大楼的过程中，每一层的建设体都需要进行"找平"这项工作，因为人工操作需要持续作业 15~16 小时，所以会产生误差，无法一次成型，这就需要"找平"这道工序去补误差。而建筑机器人的协同作业，可以做到一次作业就达到精度标准，直接省去"找平"这道工序。这项技术的推广应用，使一个楼盘就能减少大约 300 万元的投资，大约每年能为中国减少 953 万吨碳排放，节省 100 亿元价值投资。

解决问题二： 转变建筑工人职能

建筑工人从危险重复的体力劳动转向技术含量更高的岗位，成为管理建筑机器人的技师。

解决问题二：实现精细管理

多种机器人分工协作，所有数据互联互通，实现了高度的标准化和智能化，甚至对每一块砖、每一颗螺丝都能精准统计和管理。

第三节

智能制造之基石
工业互联网

树根互联——智慧生态

　　长沙，全球最大的工程机械制造基地。在这里，一座全能立体的零部件厂房刚刚建成，正进行最后的数字化系统调试。

　　在这座厂房里，大到80多米长的臂架、小到2厘米的螺丝，大大小小3万多种零部件，都可以加工。

在焊接工作岛上，3台机器人正在组队焊接，刚刚还在焊接泵车转台这样的"大块头"，不一会又切换为焊接泵车臂架连杆这样的"小精灵"。尽管两个零部件的尺寸、工艺天差地别，但焊接机器人信手拈来。

"无人自动组队焊接，不受限于我们所有的载荷，不受限于我们所有零部件的样式和种类。各种各样的零件我们都可以生产。"

突然，其中两台机器人出现了卡顿，配合不够默契了。

树根互联股份有限公司（以下简称"树根互联"）CEO贺东东带着他的团队迅速赶到厂里，他是这家工厂的数字化系统设计师。

贺东东

树根互联股份有限公司 联合创始人 CEO

我其实蛮喜欢这个有挑战性的事情，给中国制造打造一个世界级的工业互联网平台，目标够大，挑战性也够大，足够去激励自己。

　　10 年前，贺东东曾是一家大型装备制造业企业的流程信息化总监，公司率先挑战挖掘机远程运维，让挖掘机每挥动一铲都产生实时数据，并由此诞生了著名的"挖掘机指数"，而这正是工业互联网的开始。

"整个制造业的未来，我们来看，它一定基于工业互联网，做数字化的转型，这是一次大的工业革命。"

转型，先从自己开始，贺东东辞职后来到广州，用6年时间，打造了一个工业互联网平台。

如今，在广州的这个工业互联网平台上，全国48家数字工厂的运行情况一目了然，来自上千万个采集点的设备运行数据，正在平台上实时汇集。

　　这里更像一所机器人"魔法"学校,工程师们先把工匠的经验转换为数字模型,让机器学习、博采众长,使机器越来越聪明。而这些模型就像"学霸秘籍",越积累越多。

　　此时,在长沙工厂,贺东东就用上了"学霸秘籍",通过工业互联网平台调取了北京一家工厂的焊接数据模块,卡顿问题迎刃而解,3台焊接机器人在15秒之内就完成了焊接的任意切换。

现在，贺东东正在打造一个机器的社交平台，通过统一的机器语言，让远隔千里的设备取长补短。

"面对各种各样的设备，首先是要采集这种实时动态的准确数据，然后要把这些数据形成一些统一的模型，就相当于好几百个说不同语言的人凑在一起，然后要让大家说统一能够懂的语言。"

在长沙工厂里，遍布工厂的 1540 个传感器、200 台全联网机器人，每天产生超过 30TB 的大数据，这相当于一座 20 万人口的城市，1 天所产生的手机网络流量。

这些机器人，不再是只会执行简单指令的冰冷钢铁，它们通过工业互联网交流、学习，具备不同寻常的"超能力"。

向文波
三一重工股份有限公司 董事长

数据给我们带来了很大的价值，例如，我们的产值由 700 亿元到 1720 亿元，基本没有增加新的厂房和设备，这是通过什么，是通过数据的互联，在这个基础上的工艺改进，释放了它潜在的效率。

长沙工厂在不断优化，贺东东的脚步也没有停歇。

他将赶赴新疆塔里木，数字化钻井平台即将验收。

狂风四起，黄沙漫天，沙尘暴随时威胁着石油钻井平台的安全运行。

80002 井队的数字化改造刚刚完成，加入边缘计算，即使断网，系统也能 24 小时观测钻井平台。未来，塔里木所有的石油钻井平台都将实现互联互通。

目前，在中国广袤的国土上，大型工业互联网平台已经超过150家，连接了8000多万台工业设备。

每一个人，每一台设备，都在实时产生着海量数据。

数据就是新的能源，就是燃料，有了数据燃料，人工智能的发动机就会运转起来，带着我们迈入一个万物互联的超级智能时代。

智造案例解读

　　中国每 3 台旋挖钻机中就有一台是三一重工制造的。三一重工北京桩机工厂，这家工厂在原生产线生产保供的同时进行了改造，最终实现了工作岛模式的柔性制造。这里是全球重工行业智能化程度最高、人均产值最高、单位能耗最低的工厂之一。它成为全球重工行业首家获认证的"灯塔工厂"。经过自动化、数字化、智能化升级后，桩机工厂共有 8 个柔性工作中心、16 条智能化生产线、375 台全联网生产设备。一条生产线可以生产 30 多种不同型号的桩机。基于树根互联工业互联网平台，生产制造要素实现全连接，整个工厂已成为深度融合互联网、大数据和人工智能的"智慧体"。

一、智能制造的场景是什么

场景一：智能化柔性焊接智造场景

　　机器人通过激光"观察"坡口环境，自适应调整参数，一次性实现厚 40 毫米、宽 60 毫米的高强钢多层单道焊接，解决了钻杆方头焊接这一全球行业难题。通过"工匠技能软件化 +AI 算法 + 激光传感"赋能机器人智能化焊接，满足不同型号产品的柔性生产。

场景二："机器视觉 + 工业机器人"在重型装备装配中的应用智造场景

　　5G 高清传感器就是机器的"慧眼"，每秒可产生 100 万个三维数据坐标，因为拥有了这种强大的感知和运算能力，所以机器人可以满足不同型号的装配。无论面对什么型号的零件，机器人都能实时得到场景深度信息和三维模型，在装配作业时自动修复偏差。

场景三：基于 5G 的双 AGV 联动重载物流智造场景

通过基于 5G 的双 AGV 联动构建自动重载物流的场景，满足长 27 米、重 8 吨长圆杆物料的双 AGV 联动协同搬运。采用 5G 技术、SLAM 定位，实现双 AGV 高精度同步举升、同步行进。激光雷达点云算法实现触边防撞，保证重型物料配送过程的安全，实现超重、超大、超长物料自动配送及自动上下料。

二、与以前相比解决了什么问题

解决问题一：生产难题

解决了工匠技术传承难的问题，解决了重型装备多品种小批量生产频繁换型效率低、工艺兼容性差的问题，解决了反光材料的焊缝高精度跟踪问题，解决了重型装备厚管人工焊接效率低、质量一致性差的问题。

解决问题二：装备难题

解决了人工装配作业强度大的问题，解决了重型装备的高精度装配的问题，解决了多基准定位点零件装配困难的问题，解决了柔性装配线需投入大量昂贵定位工装、传感器的问题。

解决问题三：搬运难题

解决了超长重型物料自动安全搬运问题，解决了双 AGV 联动中同步作业的难题。

第四节

数据能源
迎来超级智能时代

中信戴卡——智慧生产

轮毂，车轮中的钢筋铁骨，千斤的车身由它支撑，零百加速的动力由它传递。

与众不同，不走寻常路。

这就需要个性化的轮毂。

中信戴卡股份有限公司（以下简称"中信戴卡"），全球最大的铝车轮和铝制汽车底盘零部件供应商。眼下正是新车上市的旺季，这里正在为全球 12 大汽车制造商生产最新款的轮毂。

早上七点，在轮毂机加工车间里，操作手张雨满面愁云，一夜未眠。

反复调整机床刀具，新一批的 SUV 轮毂，因尺寸链的问题轮宽误差仍然超出标准上限 0.2 毫米。工程师张志良不得不继续查找原因。张志良是工厂里的"诊断高手"，测量轮宽比后，他立即判断是外轮辋粗车刀具和精车刀具同时出现问题。但加工一个轮毂，需要用到十几把刀具，彼此之间环环相扣。假如不断地人工调机，就会打乱整个生产节拍，而这批 SUV 的轮毂两周后就要交付。张志良压力倍增。

刘 晶

天津开发区精诺瀚海
数据科技有限公司创
始人 人工智能专家

与中信戴卡一起为轮
毂加工做智能化流程
再造。

刘晶，天津开发区精诺瀚海数据科技有限公司创始人，人工智能专家，一大早就和她的同事从天津驱车赶来。

他们正在和中信戴卡一起为轮毂加工做智能化流程再造。

中信戴卡准备让智能系统控制生产流程，一旦检测出产品误差，能够自动反馈给加工机床，让机床自动进行相应调整，保证每天多种型号混线生产。

但一个轮毂就有 200 多个尺寸的磨削数据，中信戴卡每年要生产上千种轮型，海量的数据让人眼花缭乱。

他们决定建一个轮毂"家族图谱"，不管轮型怎么变，都是"一家人"，按照"血缘"关系，梳理它们之间的相同点和不同点。看似错综复杂，实则错落有致。

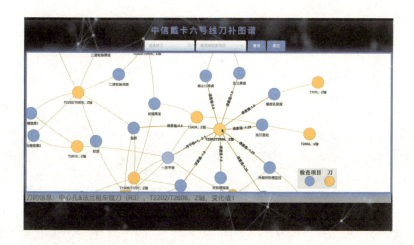

画出清晰的"族谱"，无论多新的轮毂都能在这里找到"亲戚"，每一处相交的结点，就是算法模型的关键。

智能控制系统不负众望，仅用 3 秒的时间就调整好了刀具，轮毂的轮宽误差值被完美控制在标准范围内。

　　此时此刻，在这条生产线上，正在同时生产 24 种轮毂。最大的轮毂直径为 22 寸，最小的轮毂直径为 16 寸，特殊的赛车轮毂就有 5 种。

　　我们总是说一心不能二用，但有了智能化的系统，机器可以一心千用。它们彼此协作，可以同时做"千车千样"的个性化轮毂。

中航西飞——数字化装配

数字化给中国飞机的制造带来了从 0 到 1 的突破。

这是一架由大型运输机改装而成的空中加油机——运油 20，这是它的首次亮相。

运油 20 长 47 米、翼展 45 米，起飞质量 220 吨，载油量超过 100 吨，它可以为中国所有的主战飞机空中加油。

胡 洋
中航西飞数字化装配
操作工程师

数字化装配，它对飞机制造来说，是一种从0到1的突破，对于制造质量的提升，也许是10倍或20倍，有的安装点它甚至能突破到上百倍。

胡洋，中航西安飞机工业集团股份有限公司（以下简称"中航西飞"）的数字化装配操作工程师，他正带着团队进行运油20的部件装配。在机头、中机身和后机身的装配中，每条接缝的误差必须小于1毫米。数字调姿定位系统、高精度空间测量设备可以同时对所有的安装点进行监控和调整，效率和精度提高了近百倍，三个人一天就可以对接一架飞机。

这是环型轨自动制孔机器人。它要在机身部件上制作出万余个孔。在这样的制造环节中，胡洋他们不仅提高了效率，而且钻孔的位置、孔径、光滑度等工艺指标也达到更高的精度。

新的投影智能检测系统正在试运行。

这是智能装配流程中的重要一环，胡洋他们把飞机的设计图纸建成三维数模，由激光投影直接铺设在飞机的实物上，所有安装点一目了然，分毫不差。

在过去，要靠人工手持设计图纸，对照实物，用尺子一个个地测量，测量完整个中机身需要半个月的时间，而现在只需要3~5天。

巨大的装配厂房，这些只是数字化的局部。

智能制造，就像飞机的翅膀，让鲲化为鹏，同风而起，扶摇直上九万里。

智造案例解读

　　为保证轮毂的造型、装配、安全符合要求，需要对机械加工工艺进行调试并对加工后的轮毂进行尺寸检测。在传统模式下，机械加工工艺的调整依赖于技术员的经验，容易造成调机缺陷品；检测和方案下发过程也需要人工离线操作。中信戴卡应用 AI 算法对工业大数据进行深度学习，给出工艺调试方案，自动反馈给机床执行，并通过不断自学习、自优化，形成尺寸链的知识图谱，使工艺调试过程更快速精准，实现提质增效。

一、智能制造的场景是什么

场景一：在线设备检测

　　在传统模式下，需要人工搬运调机后的首件轮毂到检查站进行三坐标检测，同时人工使用检具进行测量。在工业 4.0 模式下，调机首件通过物流辊道运输到检查站进行三坐标检测，在线光学尺寸检测设备代替人工，提效的同时，可以实时监控产品尺寸的变化。

场景二：AI 精准方案

　　在传统模式下，需要技术员根据尺寸检测结果和自身经验，给出调机方案，并手工输入机床中，往往会反复调整多次。在工业 4.0 模式下，AI 算法直接调用检测结果，经过智能模型运算，得出精准的调机方案，并可以一键指挥机床执行。

场景三：自动闭环

在传统模式下，轮毂运输、尺寸检测、生成调机方案、下发调机方案等过程，每个环节都需要人工参与。在工业4.0模式下，将物流辊道、检测设备、AI算法和加工设备在线整合与联动，形成自动闭环管理。

场景四：由过度依赖技术人员的专业经验转变为知识图谱自学习、自优化

在传统模式下，调机方案过度依赖技术人员的专业经验，工艺参数多达六七十个。每个参数会关联多个检查项目，参数之间也会有关联，可谓"牵一发而动全身"，技术人员只能兼顾十个左右的关键参数。在工业4.0模式下，在AI算法的加持下，建立起以知识图谱为核心的自学习、自优化的专家级经验库，沉淀工艺经验，给出可靠的调机方案。

二、与以前相比解决了什么问题

解决问题一：提高检测准确度

人工检测不易监督，人为因素影响结果准确性。而在线检测设备的引入代替了人工，检测结果更准确。

解决问题二：减少调机次数

机加尺寸链调整难度大，难以计算全面，人工调机反复次数多，调机过程过度依赖专业经验，成熟的技术人员培养周期长。智能模型、知识图谱的列入让调机方案的生成更快速、更精准。

解决问题三：实现数据离线传递

检测数据、调机方案、机床执行等环节的数据离线传递。而现在，检测、调整在线执行，形成自助闭环管理。

　　这是一次不同于以往的工业革命，是一次对工业制造的重塑。身处这个时代，每个人、每个企业都是这汪洋中的一滴水，而水要想不干涸，只有勇敢地伸开双臂，拥抱大海！

第二篇

慧眼识真

　　三星堆出土的青铜纵目面具，柱状眼睛向外凸起，表达着人类对超乎寻常的眼力的崇拜和渴望。

　　今天，我们让机器长出"眼睛"，给设备赋予"思想"。机器视觉让机器人能像人一样，"通神明之德，类万物之情"。星眸微转间，经纬浩渺，一蹴而就，宇宙星辰，一览无遗。

第一节

大开眼界

明阳智能——风电千里眼

　　矗立在海上的风力发电机,正成为中国海岸线上的靓丽风景。十年来,中国海上风电装机容量增长较快,发展势头良好。

在广东阳江这片海域，一台台大型风机矗立海面，仿佛一片海市蜃楼，风掣云涌。

8月的南海，一场台风即将来临。

明阳智慧能源集团股份公司（以下简称"明阳智能"）三峡沙扒海上风电场现场项目经理麻前勇带领团队前往海上风场，他们要赶在台风来临前，对风机进行维护。

麻前勇
明阳智能三峡沙扒海上风电场 现场项目经理

通过数据回传、大数据分析和后台支撑，我们能够清晰地了解每台风机可能存在什么样的隐患。

海上风机外表高大威猛，内部别有洞天。主控系统，相当于风机的大脑，有了它，风机既能思考，也能判断。

海上风机"眼观六路，耳听八方"。它们可以精准感知风速和风向，叶片自动变桨，以最佳角度迎着风，捕捉风的能量。

　　12 兆瓦的海上风机，转一圈可以发电 25 千瓦时，一天发电量为 28.8 万千瓦时，可供 1405 个家庭使用一个月（统计维度：一个家庭 2.62 人，一个家庭平均每月用电 205 千瓦时）。

　　一台风机的智慧，远不止自动捕风这么简单。

　　台风突然来袭，海上波涛汹涌，风机爱风也怕风，风力过大，风机转速太快，得到的就不再是能量，而是伤害。

　　距离阳江海上风电场 300 千米外的大数据中心，工程师严阵以待。

　　海上风速越来越高，工程师正在借助人工智能对过境台风进行仿真计算。

海上风速越来越高，工程师正在借助人工智能对过境台风进行仿真计算。风速超过 25 米 / 秒，海上风机自己踩下了刹车，停止转动。

4 个小时后，台风过境，风机安然无恙。

此时，上万台风机都将数据汇集到云端，这就好比工程师拥有了"千里眼"，能实时观测到每一台风机的健康指数。

这些风机每天会产生几千个 G 的数据量，工程师利用这些数据和人工智能技术，建立大量的算法模型，通过这些算法模型的计算，可以实时了解机组的运行状态和健康情况。

任凭风吹浪打，依然闲庭信步，这份淡然的背后，明阳智能董事长张传卫却有一段刻骨铭心的痛苦记忆。

张传卫
明阳智慧能源集团股份公司 董事长

我们下决心，要推动数字技术、智能技术和信息化技术赋能我们的大装备制造。

十多年前，明阳智能的风机刚刚在海边投入试运行，就遭遇了一场台风的袭击。

在一个小岛岸边的一辆工程车里，他们观察了一个昼夜，近17个小时守护着风机从台风快登陆到台风离去。

那一晚的忐忑不安，让张传卫明白，只会发电的风机没有未来。

"观"状态，"听"频谱，"感"振动，更加智慧的海上风机，将在更广阔的海域里书写新的捕风传奇。

梅卡曼德——智慧物流仓

当今，全球最时髦的，就是给机器人加装一双能看到立体世界的眼睛，年轻一代的中国企业在这方面占得先机，甚至引领全球。

邵天兰，梅卡曼德机器人创始人兼首席执行官。如果机器人有一个非常强大的眼睛，它就能做更多的事情。

邵天兰和他的团队不仅练眼，也做眼。不过，他们是在给机器人做"眼睛"。

邵天兰刚刚接到紧急订单，要给武汉良品铺子的物流园研发分拣机器人，而且必须赶在促销季来临前交付。

邵天兰

梅卡曼德机器人 创始人兼首席执行官

如果机器人有一个非常强大的眼睛，它就能做更多的事情。

邵天兰团队把函数编写成上百万行的代码植入机器人芯片，像教孩子一样，耐心辅导。机器人就在学中干，干中学，不断训练。然而，邵天兰发现，一遇到深色包装和反光物品，分拣机器人就无从下手。

邵天兰和工程师们重建了 3D 识别算法，这一次还引入了人工智能算法。让机器人自己在海量数据中归纳经验，看得更准。

带着新的算法，邵天兰赶到了武汉良品铺子物流园。

在良品铺子物流园里一年的包裹量将近 3000 万个，赶上网上促销季，每天的出货量会瞬间超过 20 万单。

显然，只靠人工，已无法应对海量的个性化包裹。

邵天兰他们给分拣机器人装上"眼睛"，调整算法，让机器人瞬间变得"心明眼亮"。

网上促销季如期而至，分拣机器人上岗了。准确率提升到了 99.9%，机器人分拣效率是人工分拣效率的 10 倍以上。

在良品铺子物流园里，货物流转的每一个环节都被装上了智慧之眼。分拣、装箱、打包、贴标，从收到订单到包裹出库，只需要30分钟，日出货能力从之前的8万单提升到了20万单。

一双能够3D扫描的"眼睛"为机器人打开全新"视界"，深度学习，智能交互，它们能拆垛、检测、避障、测量，本领渐长。

让机器人看到立体世界只是开始，中国的工程师正在努力，让它们看得更加精确。

中国作为机器视觉应用增速最快的市场之一，将为他们提供广阔的施展空间。

智造案例解读

2021 年海上风电异军突起，全年新增装机 1690 万千瓦，是此前累计建成总规模的 1.8 倍，累计装机规模达到 2638 万千瓦，跃居世界第一。

以明阳智能为代表的风电高端装备制造企业，凭借科技创新引领驱动大功率、智能化海上风电机组生产制造领域的迭代式发展。明阳智能生产大功率驱动风力发电机组，配备智能化传感器，并借助容知日新（安徽容知日新科技有限公司，简称"容知日新"）在工业设备状态监测与故障诊断系统方面的优势，进一步完善自身在智能风场、数字智联领域的核心竞争力。主机厂和核心供应商充分发挥双方优势，为海上风电提供更优质服务，形成中国风电供应链生态模式的典范。

一、智能制造的场景是什么

场景：海上风机的远程运维智造场景

通过安装在风电机组上的各类传感器将采集到的数据上传至服务器，运用智能算法的分析提炼，结合诊断工程师的综合分析，精准定位故障位置、程度及原因，从而实现故障早发现，并合理安排检修或维护时间，极大地保障了生产安全，提高了生产效率。

精准感知，缩短维修时间；提前预判，降低维修成本。远程系统可以精准感知到轴承中每一颗珠子的状态，并能准确分析出是缺少润滑还是部件损坏，做到早维修、小更换，避免主轴抱死、拖船出动维修的被动局面。故障维修时间从十几天压缩到 2 小时，成本从几百万元压缩到几百元。

二、与以前相比解决了什么问题

解决问题一：实现实时姿态调整

根据台风来袭的实时数据，运维人员远程操控风机并做出叶片转桨、减速停机、主动偏航等应对姿态，实现实时姿态调整和精准发电。

解决问题二：实现软硬兼修

传感器、AI 算法、经验丰富的运维工程师三位一体，保障机组平安应对超强台风袭击。

解决问题三：实现设计优化

积累 2000 台机组在台风区运行的大数据和模型，可供后续新产品的数字仿真制造。

第二节
智能检测

凌云光——手机智能检测

　　在深圳一家手机工厂中，工人们正在检测手机外观。仅手机中框检测项目就达 88 项，最小的瑕疵直径只有 0.5 微米，这就如同在足球场上寻找一粒大米。

　　眼力最好的质检员也要借助放大镜，2分20秒才能检测完一个手机中框。长时间搜寻如此微小的缺陷，超过了人眼的极限。

　　现在，他们终于要等来一台"视力"超强的智能检测设备。

四年前，凌云光技术股份有限公司（以下简称"凌云光"）的赵严接到一家国际手机制造商的要约，希望他能设计制造一台人工智能检测设备，检测能力要达到微米级。

看起来表面平滑的手机中框，却隐藏着细微的划痕和毛刺，不易被人发现。

而手机装配时，一根毛刺的掉落，都可能是主板短路的开始。

赵　严
凌云光技术股份有限公司 研发副总裁

面积、灰度差异、形状，用这些很难去描述、定义出这样一个缺陷，这就要积累一定的样本，然后通过现在的人工智能算法，进行一定程度的学习。

机器视觉技术和人工智能技术相结合，真正把人力给解放了。

赵严和团队专门研发了超高精度的工业相机，它的"视力"能达到0.5微米。与此同时，他们开发了底层算法，给工业相机安装上聪慧的大脑，捕捉细微的缺陷。

但是，每次走到圆弧区，这双"眼睛"就会迷茫。

为此，赵严和团队成员研发了半年，最终增加了线扫描相机。

微妙在智，触类而长，这双精密的慧眼向最难的圆弧区检测发起挑战，六台工业相机、两台线扫描相机，如同鹰眼一般，瞬间扫过圆弧区的所有角落。

仅仅 5.5 秒，它就完成了 88 项检测。

再细微的缺陷都没有逃脱它的眼睛。

上古传说中，有一个叫离朱的人，能够在百步之外察秋毫之末。今天，人工智能版的"离朱"正在中国制造的生产线上明察秋毫。

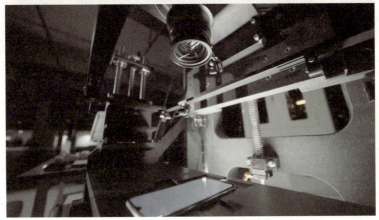

智造案例解读 ....

　　凌云光技术股份有限公司是国内机器视觉领域的龙头企业。公司采用"机器视觉+AI"技术，积极布局电子制造、新能源和文化元宇宙三大战略赛道。同时，也为印刷包装、新型显示、科学图像、轨道交通等行业提供质量检测服务。在电子制造领域，凌云光为全球领先的手机制造厂商构建了全流程的供应链品控管理体系。在智能手机外观检测环节，可以精准检测0.5微米的瑕疵，使漏检率下降了99%，检测精度达99%，满足了消费者对高端手机挑剔甚至严苛的评判标准。

一、智能制造的场景是什么

场景一：手机中框外观检测智造场景

　　作为手机的关键部件，手机中框的孔位、间距、尺寸和精度等因素决定了整个手机的品质。依靠传统的人工检测方式，不仅成本高、效率低，而且精度也不足。采用"机器视觉+AI"技术的检测方法可在5.5秒内实现超过80个项目的检测，甚至可以精确检测到0.5微米的瑕疵；同时，还能覆盖难以进行人工检测的转角、棱边3D等区域的缺陷检测，检测精度达到99%，有助于提高后续工艺的良品率。

场景二：BG检测智造场景

　　BG（Back Glass），是指手机背面的一层玻璃。通常在制造过程中会因为技术问题而出现各种不同类型的缺陷，最小缺陷尺寸约为0.005平方毫米，这对成像检测系统提出了很高的要求。采用智能化设备帮助终端制造商解决传统依赖人工检测的工艺制程痛点，突破人眼分辨率限制，实现超高检测精度，有效解决产品质量问题。

基于凌云光专利准直光源成像技术和人工智能技术研发的屏幕模组外观全自动质量检测设备，可实现 50 余种外观不良现象的检测，人力成本降低 50%，不良改善率达到 99.1%，凹凸类缺陷敏感度提升 3~5 倍，漏检率下降 99%，实现了高效、高精度的检测及质量管理。

场景三：CG 检测全线自动智造场景

CG（Cover Glass），是指手机最外层的玻璃触控盖板，带有弧度、偏曲线，具有保护手机内部显示部件、实现触控的作用。

为满足不同终端制造商的需求，凌云光设计并投产了覆盖 10 余道工序的全自动组装线。通过配有光学成像、数据监控、数据收集和软件集成化的解决方案，实现了对不同尺寸、形状和颜色产品的读码、定位、引导、装配和复检，同时在装配和复检过程中避免了"三伤"（划伤、压伤、碰伤）。此外，将组装精度有效控制在 ±0.05 毫米以内，确保了产品质量。

通过多个工站之间的连线，成功减少了人员干预，同时在整条生产线上配置了大量传感器，用于收集数据，与 MES/SCADA/ERP 等系统实时通信，辅助生产人员及时处理异常情况。平台化、模块化和标准化的设计，大幅提高了自动化设备的复用率，促进了绿色生产和减排降本。

场景四：手机外观检测智造场景

手机外观检测是手机装配后的一道重要环节。通过采用多种技术，如多角度光束照明、2.5D/3D 成像、光谱分析和大景深成像等，可以实现对手机产品六面外观的全面检查。同时，还可对产品缺陷进行分类、科学度量和生产追溯，实现装配工艺的闭环管理，有效降低瑕疵品流入市场的可能性，保障用户的使用体验。

二、与以前相比解决了什么问题

解决问题一： 实现精度和效率双提升

通过 R 角缺陷技术实现高精度、高对比度的成像检测，有效解决转角、棱边 3D 等人工难检区域的缺陷检测，提高后续工艺的良品率，真正帮助终端制造商解决行业难题，实现了自动化的精准检测。

解决问题二： 实现效能优、损耗低

通过采用人工智能技术，中框外观检测设备实现了工艺制程的颠覆。该设备能够准确区分灰尘和真实脏污缺陷，减少损耗，抑制过检，并实现 50 微米点状缺陷、20 微米线状缺陷的有效检出，检测范围广、能力强、效率高，从根本上解决了人工检测难题。

解决问题三： 实现智能化精准装配

通过突破精密装配技术，如打螺丝、扣排线、贴泡棉等，设备能够提高装配的效率和精度。此外，自动点胶技术的引入，进一步实现了生产的自动化和智能化，有助于大幅提升产品质量和生产效率、降低成本，并减少劳动力的使用。

解决问题四： 实现品效合一

通过在装配环节中引入全面检查，以避免出现各种外观类不良，如划伤、异物、脏污和装配间隙等，确保产品出货品质，提升用户对产品的满意度。

格创东智——液晶面板智能检测

全副武装、空气淋浴，在进入液晶面板的厂房之前，必须让自己"一尘不染"。

在第十一代液晶面板生产线的无尘车间里，几乎看不到工人的身影，700 个巨型机械手臂，昼夜不停地运转，生产出全球尺寸最大的液晶面板。

佘必海

TCL 华星光电数字化
转型中心 中心长

液晶面板总制程大概
有将近 40 道主要的
工序，每道工序大概
会拍 20~30 张图片，
每天对这些工序的缺
陷检查，会产生 60 万
~70 万张图片。

制造液晶面板最大的障碍就是灰尘，一粒微米级的灰尘都会影响显示器的亮度、对比度，甚至显像色彩。

等到生产完再检验，就为时已晚了，所以质检贯穿液晶面板的每一道制程。

移动的工业相机正在查找缺陷，一旦发现，立即拍照上传。

然而，工业相机只负责找缺陷，判别缺陷的种类，还要靠人眼。

判片考验的不仅是眼力，更是经验。质检员要识别出 130 多种缺陷，还要在 2 秒内确定该产品是修复，还是报废。

研发智能判片系统迫在眉睫。

TCL 华星光电技术有限公司（以下简称"华星"）智能制造研发"天团"紧急上阵，格创东智科技有限公司（以下简称"格创东智"）工业 AI 事业部 AI 数据分析工程师梁林萍负责数据收集，为智能判片系统提供充足营养。TCL 华星光电数字化转型中心的佘必海和王赟共同研发人工智能判片模型，为智能判片系统搭建视觉神经网络。

深圳前海的一栋写字楼里，一场人机对抗赛即将开始，一边是来自液晶面板生产车间的"判片达人"，一边是隐形的"天枢"系统。

梁林萍

格创东智工业 AI 事
业部 AI 数据分析工
程师

梁林萍曾经是他们当
中的"判片达人",
一秒钟就能判一张,
但像她这样的"判片
达人",凤毛麟角。

天枢,是北斗七星中一颗星的名字,研发天团以此命名智能判片系统,是希望它的"眼睛"能像天枢星一般明亮,不漏掉一个缺陷。

这是"天枢"系统第一次公开亮相,短短五分钟的时间里,最快的判片达人判了 200 张,而"天枢"系统判了 1200 张,比人工快了 5 倍。

然而,判片光有速度是不行的。

佘必海发现"天枢"系统在判别缺陷后,在是应该修复还是报废的环节上总是拿不定主意。

　　液晶面板犹如玻璃三明治，同样是异物，出现在膜上，可以直接到下一道流程清洗；但出现在膜下，就必须要打回上一道流程修补。而"天枢"系统对此却常常分不清楚。

　　"我们还得想办法，想一下怎么能让它'懂'，就是尝试各种的方法嘛，因为原来的方法不行，只能再另辟蹊径想别的方法。

　　研发"天团"结合"判片达人"的经验，再次优化算法模型，让"天枢"系统秒懂，秒判。

现在，"天枢"系统 400 毫秒就能判一张图片，而且 90% 都能判定准确，一天下来相当于 150 名质检员的工作量，被大家亲切地称为"质检大神"。

梁林萍即将去新工厂，训练刚刚上线的检测系统。从"判片达人"到人工智能训练员，她实现了自我超越。

而他们研发的 "质检大神"，也实现了从简单识别到主动判断的跨越，它们润物无声、不知疲倦，它们思维敏捷、不断成长。

数字化、智能化，正在推动中国迈向先进制造、高端制造的时代。

智造案例解读

　　TCL华星光电技术有限公司是国家级高新技术企业，在全球面板显示领域处于领先水平，华星自成立以来始终紧跟数字经济发展大势，在项目建设之初就开启数字化、智能化的建设路径，同步规划工厂的信息化、数字化和智能化建设，大力推进智能制造关键技术装备的集成应用，全面布局智能制造，打造四大集成平台，在成本、良品率、效率、能源方面形成可持续的竞争优势。目前，华星数字化设备占比95%以上，关键工序数控化率、设备联网率，以及工业设备上云率均达100%。2022年，华星深圳工厂获得金砖研究院依据工业和信息化部发布的智能制造能力成熟度模型4级优化的评审认证。

一、智能制造的场景是什么

场景：ADC人工智能判片场景

　　作为面板生产的关键工序之一，质检贯穿在每一道生产工序中。其中，缺陷判别这一环节尤为重要。过去，缺陷判别全部由人工完成，超百万张的图片、130多种缺陷，需要在2秒内给出良好、修复或者报废的判别结果——判片考验的不仅是耐力、眼力，更是经验。因此缺陷判别站点一直存在人力需求大、培训上岗周期长、离职率高的问题。人工判别的准确率会受个人经验和状态影响，时常有误判漏放的情况发生。随着华星智能工厂建设的推进，华星决定尝试在图像识别领域应用人工智能技术，并于2018年导入自动缺陷分类（Auto Defect Classification，ADC）系统，让自动判片代替人工判片，实现高准确率、轻人力、快交付。

二、与以前相比解决了什么问题

解决问题一：实现智能判片

ADC系统解决了判片准确率和效率不高的问题。过去，因图片数量庞大，缺陷判别站点需要大量人力；因判片人员经验及状态的影响，判片准确率不够稳定；再加上判片人员判片速度的限制，导致缺陷判别站点作业周期长。导入ADC系统后，AI模型可以实时、精确、高效地判定结果，使得判片准确率提升到95%以上、判片速度提升5倍、替代人力85%以上，平均为华星各条生产线每年创造超千万元的效益。

解决问题二：实现智能定位

在ADC系统应用中，利用机器视觉可以协助完成缺陷查找、缺陷定位、缺陷分类的功能，解决了修补站点、为缺陷坐标定位难的问题，从而为实现自动修补打下基础。这颠覆了传统的人员先查找缺陷、手动定位缺陷再执行修补的生产方式，大幅度地缩短了修补作业时间，提升了生产效率。

第三节

智慧之眼

博尔塔拉——智能巡检

　　新疆，中国电力的新高地。输电线路总里程长达 20 余万公里，一路向东，点亮 20 个省市的亿万家灯火。

晏士翔
国网博尔塔拉供电公司输电运检中心输电运检三班 班员

山再高人得登，水再深人得过。如果山高一点，三四百米的高差，人就得贴着峭壁走，可能来回要花两三个小时。

在这条世界最长的电力输送线路上，也许一个螺栓的脱落，都可能会影响几千公里之外的用电安全，因此线路巡查就成为新疆电网最重要的环节。

云山万重归路遥，疾风千里扬尘沙。这是古人对西北辽阔大地的感慨，也是国网博尔塔拉供电公司输电运检中心输电运检三班的晏士翔和师父罗周献电网巡线的日常。

"检查电力铁塔，要看到铁塔上每一个细微的角落，但是它有视角盲区和死角，很多设备你从下面是看不到的，现在使用无人机后，视野更多元，它可以从不同的角度比较多样地去拍摄铁塔。"

然而，每一基铁塔至少要拍摄 15 张照片，而遇到耐张杆塔，则要拍摄 22 张以上，巡线一天，晏士翔至少要拍摄 1000 张照片。

如果出去五架无人机,一天拍摄的照片约为 5~6000 张,存储、分类、存档,一个人处理需要一天的时间。

现在已经不用这么麻烦了。回到办公室,晏士翔把当天拍摄的照片上传到人工智能识别系统。

人工智能识别系统,就像一双智慧的眼睛,一目千行,帮他从照片里快速找出线路缺陷。

罗周献

国网博尔塔拉供电公司输电运检中心输电运检三班 班员

最受影响的就是耐张杆的引流线，这边的风特别大，振动对导线结点、连接点影响很大，引流线容易折断。

人工智能也要不断修正，晏士翔在复核时发现，铁塔上 R 销脱落的缺陷，人工智能没有识别出来，他立即把这项错误上传到了平台上。

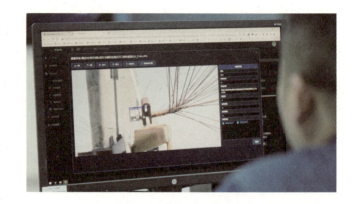

国网新疆电力有限公司已经收集了 252 万张样本，这些数据就是人工智能的"粮食"，它吃得越多长得越快，仅仅一年多，人工智能对输电线路上的缺陷识别精度就达到了 85% 以上。

"走钢丝"的时代结束了，"智慧之眼"把巡线和决策完美结合。

虽然我们无法看到这一双双隐形的眼睛，但擅长学习的它们，正在积蓄着爆发式能量，成为中国新一轮产业变革的重要驱动力。

王天军

国网新疆电力有限公司 科技互联网部 技术数据处处长

对模型不断做优化，就是让模型越来越聪明。

智造案例解读

　　我国西北的电力工业发展史从新疆起步，而电力始终是新疆发展史中最鲜明、坚实的注脚。截至目前，新疆电网已形成"内供四环网，外送四通道"的网架结构，建成全国覆盖范围最大的750千伏省级主网架，进入超特高压、交直流混联、远距离、大容量的"疆电外送"新时代。而新疆电网的巡检工作一直是国内综合难度最大的直升机空中巡检作业。

　　750千伏伊犁—库车超高压输电线路，是新疆电力建设史上施工难度最大的超高压输电线路工程，该工程的投运形成了新疆环天山西段750千伏大环网网架结构，标志着新疆电网基本建成750千伏主网架。因该线路横跨天山，故此次作业也被称为"天山大巡线"。再加上库车地区的气流急剧变化，电网勘察工作堪称难上加难。系统巡检有缺陷，人工巡检成本高、效率低。

一、智能制造的场景是什么

场景：智能巡检

当前，大量能源企业加速智能化进程，随着 AI 与应用场景深度结合，数据采集难度大，模型需要持续升级，并要求随时随地进行下发和部署的难题日益凸显。能源企业对可以高效支撑、应用丰富的 AI 基础能力和平台可谓需求若渴。而今变革浪潮汹涌，只有敢于像新疆电网一样尝试基建转型的行业，才能实现质的飞跃。

新疆具有很多条件恶劣、输电线路巡检难度大的地区，在这些地区应用无人机与人工智能技术后，降低了维修人员在难抵达地区的巡检风险，减少了人工巡检工作量的 60%，极大地保障了维修人员的工作安全。

二、与以前相比解决了什么问题

解决问题一：实现智能化管控

中枢系统实时显示所有电力铁塔的状态和数据，搭配三维立体线路模型，实现智能化管控，保障线路安全。

解决问题二：替代人工巡检

构建 AI 中台，替代人工巡检，提供低功耗、低成本、易复制、前端准确实时识别的监测手段。

第四节
航天智造

航天八院——精准装配

　　一枚特殊的"金蛋"，在水与火的淬炼中，雕刻蓝天梦想。周金强，上海航天设备制造总厂（隶属于中国航天科技集团有限公司第八研究院）数控加工工艺研究室主任。他刚刚接到任务，要为运载火箭生产全新的燃料贮箱箱底。

燃烧自己，托举希望，貌不惊人的燃料贮箱却决定着火箭的运载能力。燃料贮箱占到火箭整体重量的一半以上，火箭自重和运载能力"此消彼长"，这就要求燃料贮箱的箱底既要足够轻薄又要绝对可靠。

周金强试图通过拉伸的方式，先做出一个整体的箱底毛坯，然后再进行机械车削，但是箱体直径有3米，而壁厚不能超过10毫米，这就好比在蛋壳上雕刻，刀头0.1毫米的切削误差都会让整个工程前功尽弃。

周金强

上海航天设备制造总厂数控加工工艺 研究室主任

在攻关的那段时间，我成天泡在设备现场，从早上上班到晚上10点，但最终这个试验相当于没有成功。后面，我们开始采用镜像切削方式来进行攻关。

镜像切削，这是从来没有人尝试过的全新制造方案。周金强和同事们计划，在箱底安装测厚仪和智能化激光扫描仪，它们像无数个蜻蜓的"复眼"，采集"金蛋"上每一个点的位置信息，上传到数控系统，经过人工智能算法，实时改变刀具运动路径和深浅，确保切削均匀平滑。

方案很完美，但是不是真的能实现呢？

"刚开始想得非常理想，但是在实际加工过程中，对一个箱底，它可能会有十几万个点，接近二十万个点，二十万个点怎么测准？"周金强他们迅速和算法专家组成联合攻关团队。

切削开始，采用新的算法，传感器可以每 0.03 秒测量一次，数控系统可以在 0.04 秒内，计算出实测数据与理论值的差异，并反馈给切削刀头，相当于一眨眼的工夫，刀头力度和方向已经调整了将近 10 次，速度之惊人，犹如庖丁解牛，游刃有余。

7 天，火箭燃料贮箱的箱底切削完成了，加工精度达到 0.2 毫米，完全达到了长征六号运载火箭的设计要求，而且制造周期缩短至原来的三分之一。

这就是工程数字化的魅力。

在上海航天设备制造总厂，又一枚运载火箭正在装配，流程已全部实现智能化。

10 米监测范围内测量精度达到亚毫米级别。装配数据几十毫秒内就运算完毕，指令发出，舱段开始运送，调姿、滚动的一体化动作后，舱段之间的精准装配就完成了。

所有孔位的对接达到 0.2 毫米的精度，而一般汽车车身的对接精度是 2 毫米。两个舱段的对接，在过去需要 1 个小时，现在只需要 10 分钟。智能化的流程，正改变着中国大型航天器装配领域的生产模式。

每个航天器都是我们在太空留下的探索脚印，每一步都让我们更接近宇宙的真相。

何建利
上海航天设备制造总厂 党委书记、董事长

我们航天事业能够发展到现在，离不开国家基础工业的发展。

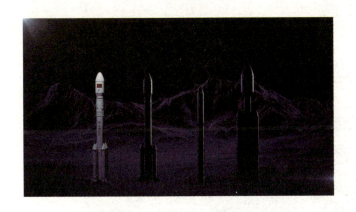

中科院高能物理——猎人星座计划

天地玄黄，宇宙洪荒，日月盈昃，辰宿列张。

这是一张绘制于公元前 240 年的慧星图，也是迄今为止，世界上最古老的慧星图。

两千多年后的今天，中国科学家正在用最先进的智能技术和宇宙对话。

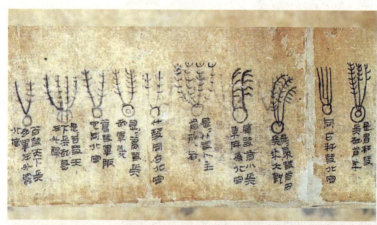

在中国科学院高能物理研究所粒子天体物理重点实验室里，首席科学家陶炼正和助手把"新一代 X 射线望远镜"放入真空罐中，以开始为期两个月的射线测试。

陶炼和她的团队即将推出"猎人星座计划"，用上百颗卫星组成观测星座。每颗卫星，都将载有中国自主研发的新一代轻量化 X 射线望远镜，所有卫星全天候对海量变源的天文现象，无间断地捕捉监测。

这是中国科学家提出的一项极富想象力的探索项目。

陶　炼
中国科学院高能物理
研究所 研究员

100 多颗卫星，不是说 30 个人乘以 100 等于 3000 人的一个事，可能这个量级会复杂到 10 倍、100 倍或者 1000 倍。

李大林

中国科学院国家空间
科学中心重点实验室
副 研究员

100 多颗卫星的统筹
规划，对卫星任务控
制来说，是一项很大
的挑战。

殷 俊

腾讯人工智能开发
工程师

每个卫星作为一个独
立智能体，自主决策、
相互协作，这是算法
需要重点解决的一个
核心问题。

但问题来了，上百颗卫星如何实现智能协同？

中国科学院国家空间科学中心的李大林也加入了
"猎人星座计划"，他曾经设计过 20 颗应用卫星的地
面系统软件，不过一百多颗卫星的管理，还是让他倍
感压力。

他们向腾讯人工智能团队发出了邀约，一起加入
"猎人星座计划"。

算法工程师依托多智能体协同算法，建立深度学
习系统，让"猎人星座计划"的上百颗卫星彼此通信、
合作、调度、协调、互解。这也开辟了商业化智能系
统反哺高端科学研究的先河。

这套优化方案就像一支精确配合的足球队，让卫星智能编队，观测，捕捉太空中转瞬即逝的高能物理现象。

现在，算法工程师搭建了仿真爆发源模拟器，使用大量天文数据对系统进行训练。

2023 年，"猎人星座计划"首批卫星将被发送升空，将来，这套人工智能系统将实现卫星间的无缝调度，不错过爆发源的任何瞬间，把星际爆发变成人间浪漫。

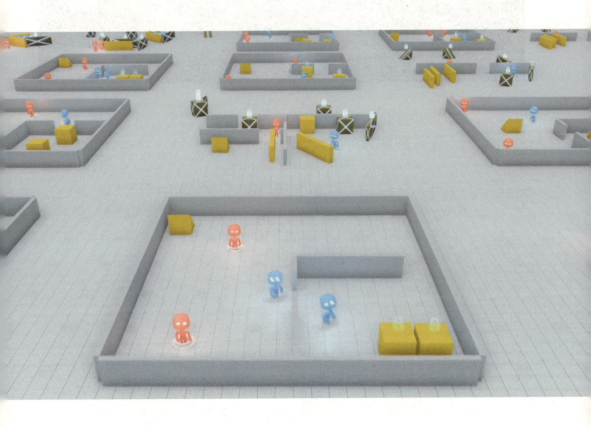

智造案例解读

    2022 年 2 月 27 日 7 时 44 分，长征四号丙遥三十运载火箭在酒泉卫星发射中心点火升空，成功将陆地探测一号 01 组 B 星送入预定轨道，发射任务取得圆满成功。这是长征系列运载火箭第 408 次发射。在中国，运载火箭是将人造卫星、载人飞船、货运飞船、空间站或探测器送入太空的唯一交通工具。从二十年前的一年一发到现在的一年三十发，我们通过柔性生产提高了不同型号火箭的生产效率。而这背后凝聚了航天工作者们一次次的探索和积累，更重要的是因为有航天制造产业链的智能化发展。

    在上海航天设备制造总厂，过去，产品的应用对象（卫星）不同，其制造工艺方案也不同，而今天，通过智能化手段，产品的应用对象不同，但可采用相同的制造工艺方案。在提高生产效率的同时保证产品质量。

一、智能制造的场景是什么

场景一：贮箱箱底整体充液拉深成形智造场景

国际上首次采用与构件等厚的薄板直接成形出 3 米级火箭燃料贮箱整体箱底，颠覆了美国、日本等航天大国长期沿用的厚板旋压成形技术路线。贮箱箱底整体充液拉深成形技术是引入高压流体介质在板材表面施加反向载荷使板材在流体流动过程中变形受控的一种成形方法。不同拉深阶段的压力大小需要根据板材的状态进行预先仿真分析，从而获得合理的压力加载路线，并作为压力控制系统的输入信号，由伺服系统执行并输出控制信号给压力伺服阀，以控制流体的流速和压力，从而实现拉深过程中压力的控制。

场景二：贮箱箱底镜像切削智造场景

贮箱箱底镜像切削技术在常规五轴龙门加工机床的基础上，集成了镜像运动辅助支撑、加工壁厚实时测量补偿及大型曲面快速重构等智能化技术，通过对薄壁零件进行阻尼支撑建立局部良好切削刚性环境、切削过程壁厚实时测量与补偿等方法，实现大型薄壁零件的稳定加工。

二、与以前相比解决了什么问题

解决问题一：实现 3 米级别整体箱底的制造

运载火箭贮箱箱底整体成形及精密制造是全球航天运载领域

加工制造技术的重大工程难点，箱底类超大径厚比薄壁零件塑性加工过程中起皱和开裂缺陷的控制技术是国际塑性成形学术界一直面临的重大学术问题。复杂应力状态条件下，铝合金材料精确的本构关系及塑性流动准则是表征金属材料流变行为的重大科学问题。国际航天强国避开起皱和开裂控制技术难点，选用超厚板坯旋压制造技术，牺牲零件型面精度和成形效率，降低材料机械性能和利用率，验证了整体旋压技术的可行性，是目前运载火箭整体箱底零件主流的制造技术路线。我厂提出了航天运载火箭贮箱箱底整体充液拉深成形技术，施加高压流体载荷使板材全域受载变形，达到协调变形的目的，从而解决了超大径厚比零件易起皱开裂的问题，研制了国际上最先进的数控板材充液拉深成形装备，实现了3米级别整体箱底的制造，整体成形箱底消除至少"1环6纵7条焊缝"，消除焊缝长度超过12000毫米，整底的极限承压能力相较传统箱底提升30%以上，单底制造周期由原来的35天缩短至现在的20天，单底减重效果达到9千克以上。

解决问题二：实现整体箱底切削加工

整体箱底上分布着与法兰、角片等部件，箱底为典型的大型薄壁构件，其最大回转直径超过3米，壁厚最薄处仅为1~2毫米，传统的化学切削方式加工污染严重，且壁厚精度难以保证，普通的五轴龙门切削和立式车削无法解决大型薄壁零件的加工变形问题，不能加工出合格的产品。整体箱底切削加工的难题长期制约着整体箱底投入型号应用，直到镜像切削技术的应用，才最终解决了这一难题。

　　"仰观宇宙之大，俯察品类之盛，所以游目骋怀，足以极视听之娱，信可乐也。"中国制造业按下了激活人工智能的按钮，打开了展望未来的"工业之眼"。唯创新才能持续发展，唯智能才可实现跃迁。智能时代，中国制造业需要明眸善睐向未来，瞳仁剪水识前程。

第三篇

得心
应手

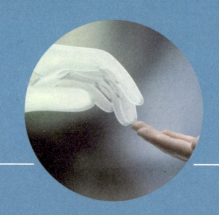

　　手，是人类特有的执行端，人类文明史就是一部手的使用史，手与脑的协作，劳动与思想的结合，使人成为万物之灵。

　　今天，我们让机器长出一双智慧之手，它们穿针引线，它们举重若轻。

　　让人类能够驾驭的空间更远更大，延伸着我们的智慧，延伸着我们的梦想。

第一节

大显身手

广船国际——智能焊接

　　在广东桂山岛上，经过 72 小时连续注水，完成浇铸的沉管管节没入水中。这个巨无霸即将被浮运到伶仃洋——深中通道的建设现场。

深中通道双向八车道，沉管直径比港珠澳大桥的沉管直径还要大，每根沉管重达 9 千吨，相当于一艘中型航母，32 根沉管管节铺就一条海底隧道，这又将是一个世界超级工程。

而在这个世界超级工程的背后，是中国制造的智能化跨越。

中国船舶集团的造船厂是深中通道沉管管节的制造基地。

现在，一根新的沉管即将开始建造，广船国际有限公司（以下简称"广船国际"）深中通道项目 GK01 合同段项目经理部总工程师龙汉新赶到焊接车间，准备下料。造了二十年大船的工程师龙汉新都感叹，这是一个史无前例的挑战。

　　龙汉新总工程师强调，如果采用传统的钢筋混凝土的结构，那么钢筋密度会要求非常大，对混凝土的浇筑抗裂控制的难度也会增加，因此最终采用了钢壳＋混凝土的所谓"三明治"结构。

　　顾名思义，"三明治"结构就是用内外两层钢板造出巨型钢壳，然后在两层钢板的隔舱之间进行混凝土浇筑。

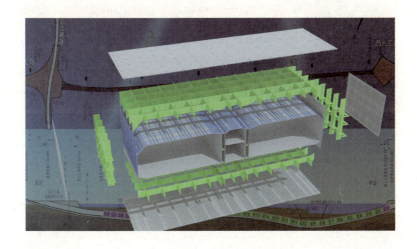

龙汉新

广船国际有限公司深中通道项目 GK01 合同段项目经理部 总工程师

如果采用传统的钢筋混凝土的结构，那么钢筋密度会要求非常大，对混凝土的浇筑抗裂控制的难度也会增加，因此最终采用了钢壳＋混凝土的所谓的"三明治"结构。

然而，巨型沉管管节全靠焊接，每根沉管管节的焊缝总长度超过 300 千米，假如用人工焊接，一根沉管管节就需要超过 1000 名焊接工人，工期长达 12 个月。如果 32 根沉管管节焊接都靠人工，显然是无法按时完成任务的。

这一次，龙汉新决定启用机器人焊接。龙汉新强调，机器人刚买回来就相当于是个婴儿，我们要训练它学走路、学跑步，不停地去训练。

在实验室里，广船国际焊接特级技师饶宜中开始带徒弟了，他要教的是一台焊接机器人。

饶师傅和龙汉新一起摸索，把他的焊接经验转化成一行行程序代码，输入到机器人的"大脑"。饶师傅说，只要你教好机器人，它与人工效率、质量相比，那是几倍、几十倍增长的。

400 多次反复训练，让机器人熟练掌握焊接工艺的每一个参数。

以前，饶宜中要教出一个八级焊工怎么也要五年时间，而这个徒弟，他只教了七个月就要出师了。

在沉管管节智能车间里，新建了一条智能焊接生产线，饶师傅的焊接机器人徒弟正式上岗。

机器人测量钢板尺寸和位置，"大脑"根据数据迅速发出指令，焊枪上的激光感应器跟踪识别焊缝并实时纠偏。

假如工人来焊接，至少需要焊接 6~8 道，而饶师傅的机器人徒弟一气呵成，堪比超级焊匠。龙汉新总工程师说，同样的工作量，原来我们需要 18 个焊工，现在可能只要 4 个焊工。

焊接件表面光滑、焊缝完美。

一根沉管管节，顶面面积相当于 14 个标准篮球场。巨型断面的平整度达到 4 毫米之内，如此高的精度世界罕见。

焊接机器人在工业化进程中不断被委以重任。现在，很多工业机器人都在焊接岗位，无论是重达上千公斤的汽车，还是轻如羽毛的电路，它们都能轻松搞定。

在巨大的智能制造车间里，每个月就有一根巨型沉管管节完成交付。

码头上，制造完成的沉管管节正在驳运上船。龙汉新感慨地说，从一块钢板慢慢变成一个板单元，最终形成一个庞然大物一样的管节。现在最终要送出去了，确实有那种嫁闺女的感觉。

清晨，载有沉管管节的半潜船，慢慢驶离港口，前往桂山岛进行混凝土浇筑，它将被安放到水下30米进行对接。全球最长最宽的海底隧道正在伸向远方。

智造案例解读

　　广船国际有限公司是中国船舶集团下属华南地区最大、最现代化的综合舰船修造企业。广船国际以参与深中通道项目建设为契机，针对沉管隧道块体结构复杂、尺寸巨大、焊接自动化水平相对低下、焊接质量受人工影响大等问题带来的智能化焊接需求，结合船厂实际工况条件，进行智能焊接生产线的研制，建立了面向船厂智能车间的智能焊接生产线，对智能化焊接技术和功能进行验证和示范应用，实现了深中通道沉管钢壳的智能化焊接生产。

　　深中通道的沉管隧道，是世界首例双向八车道海底沉管隧道。该隧道最宽横截面超过 55 米，比港珠澳大桥的横截面更宽，对沉管的坚固性要求更高。建造首次采用钢壳混凝土结构，因为是一次浇铸成型，所以必须保证沉管管节焊接密不透风。但钢板厚度达到 40 毫米，焊接难度大。此外，这 32 根沉管管节的平整度要求在 15 毫米以内，其制造精度远高于造船行业的精度要求。

一、智能制造的场景是什么

场景一：焊接机器人训练智造场景

针对焊接对象的结构特点以及装配间隙等信息，依据焊接工艺规范，建立机器人焊接工艺数据库，将数据库中的焊接电压、焊接电流等信息与机器人进行匹配。由焊接技师对焊接机器人进行焊接调试训练，对焊接动作、路径、电流、电压等参数不断进行微调修正。机器人经过数百次训练调试后，掌握了焊接工艺的每一个参数，实现了稳定、高效的焊接，焊缝质量和效率均大幅超越人工。

场景二：智能焊接生产线作业智造场景

机器人系统启动视觉识别（3D 激光传感器）在线扫描构件尺寸，获得焊接尺寸、位置等信息，实时规划机器人的焊接路径并匹配焊接参数；同时自动分配各机器人的焊接任务，引导机器人开始焊接作业。

机器人通过焊枪上的激光传感器精确识别焊缝位置，焊接时实时跟踪并进行纠偏，保证达到稳定的焊接要求。

机器人焊接速度可达 0.5 米 / 分，焊接质量好且稳定。通过焊接生产线的流水线生产，一个焊接机器人可完成 3 个焊工的工作量，实现高效焊接作业。

场景三：平面流水线 FCB 自动焊接智造场景

船厂平面流水线的自动焊接工位采用 FCB 焊接技术，FCB可实现厚板的一次焊接成形，效率是普通埋弧焊接的 8 倍。

深中通道大规模采用 Q420C 等级钢板，钢板厚度达到 40毫米，对如此高等级及大厚度的钢板进行 FCB 焊接，难度非常大。

广船国际在行业内首次实现了 40 毫米厚度的 Q420C 等级钢板 FCB 自动焊接，大幅提高了深中通道的焊接生产效率。

二、与以前相比解决了什么问题

解决问题一：实现复杂构件的机器人自动焊接

通过焊接路径规划及焊接工艺匹配，合理制定焊接顺序，建立焊接数据专家库，由焊接技师反复调试训练，解决了机器人对复杂构件的自动焊接难题。

解决问题二：实现复杂构件的智能识别

通过机器人视觉识别技术和在线焊缝跟踪技术，等于给机器人配上了一双"眼睛"，可准确识别焊缝位置，同时在焊接时可根据实际情况实时修正焊接路径，保证达到稳定的焊接要求。

解决问题三：实现复杂构件的流水线高效焊接作业

以往船厂焊接此类大型复杂构件，由于技术难度大，难以实现自动化焊接，需要大量工人进行人工焊接，焊接效率较低、焊接质量不够稳定，焊接环境也较差。突破复杂构件的机器人智能焊接技术后，通过生产线应用，实现复杂构件的机器人高效、稳定焊接和流水线生产。

解决问题四：实现 40 毫米厚度的 Q420C 等级钢板 FCB 自动焊接

通过低合金高强度钢 FCB 焊接工艺、焊接材料、钢板性能等技术的突破，在行业内首次实现了 40 毫米厚度的 Q420C 等级钢板 FCB 自动焊接。焊接效率是普通埋弧焊接的 8 倍，大幅提高了深中通道的焊接生产效率。

葛洲坝——智能检修

　　葛洲坝，万里长江上的第一座大型水电站，2022年迎来它的41岁生日。

　　此时，葛洲坝电站检修厂高级工程师吴涛来到位于水下26米的水轮机转轮室，给水轮发电机组做"体检"。

转轮是发电机组的"心脏"，水流推动转轮旋转，将尽可能多的能量转化为电能，正常运行时，转轮表面平滑如瓷。但汹涌的江水在带来能量的同时，也带来猛烈冲击转轮表面的泥沙，留下凹凸不平的划痕，严重影响转轮的健康。

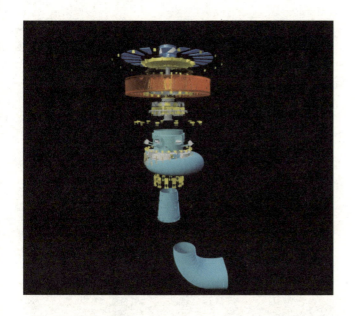

吴　涛
葛洲坝电站维修厂
高级工程师

在整个检修过程中，焊接和打磨这两个工作都会产生粉尘，噪声也比较大。

吴涛他们准备给 41 岁的葛洲坝做一次修复。

靠人工，维修一台水轮机组至少要 3 周，维修时间增加一天就要少发 360 万度电。

彭芳瑜
武汉华中科技大学机械科学与工程学院副院长

我们在现有工业机器人的架构基础上面，集成相关的一些技术，将很多传感、智能算法和工人的经验集成在我们的软件里。变革性的技术，可以改变现在很多的生产组织模式。

周 林
国家数字化设计与制造创新中心智能所总工程师

感觉还是像一根弦一样绷着，总是觉得不放心。

这一次，吴涛他们打算把大修的任务交给机器人。

而此时，在武汉，国家数字化设计与制造创新中心的实验室里，一座1∶1大小的水轮机转轮模型已经建起，武汉华中科技大学机械科学与工程学院副院长彭芳瑜正带着学生周林（国家数字化设计与制造创新中心智能所总工程师）进行大型水轮机维修机器人的模拟试验。

"我们在现有工业机器人的架构基础上面，集成相关的一些技术，将很多传感、智能算法和工人的经验集成在我们的软件里。变革性的技术，可以改变现在很多的生产组织模式。"

最难的就是要把机器人安装在水轮机转轮室的内壁上，让它在复杂的叶轮间，沿着曲面一边攀爬，一边工作。而且打磨精度要达到微米级，比医生整容还要难。

周林带着机器人来到葛洲坝，机器人在原位检修大型水轮机组，全世界都没有先例。

周林感觉还是像一根弦一样绷着，总是觉得不放心。吴涛也很担忧，现场的环境设备能不能运进去，加工能不能完成，这事心里还是有一点打鼓的。

从地面通往水下 26 米的转轮室，这条路弯曲而狭窄，工程师把机器人在位加工系统拆分成单个模块，每个模块的重量不超过 30 公斤。

第一代水轮机组维修机器人表现如何，大家拭目以待。

行家一出手就知有没有，只见机器人沿着精确设计的路线，有条不紊地开始焊接。随后又换上刀头，磨削抛光，该填的填，该减的减，真的是一专多能。

吴涛提到，它的增材和减材技术实际上已经全部都实现了，远远超出了我们的预期。

2 小时 20 分钟，机器人将两块近 1 平方米的内壁修复完毕。核准显示，机器人重复定位精度达到 0.06 毫米，加工表面粗糙度不到 1 微米，比原标准提高了 3 倍。

此时的周林觉得绷着的这根弦松开了。

狭小的空间里，机器人犹如飞檐走壁的蜘蛛侠，轻松完成转轮内壁和顶部叶片的维修。一台机器人 24 小时就能完成 10 个工人一周的维修工作量。

24 小时，看到这个数据之后，吴涛觉得很兴奋，高兴地说："我觉得不只是在咱们这个地方可以，实际上对整个行业来说，它都可以有很多用处。"

2022 年 5 月 18 日，转轮维修完成，比预计的时间提前了30 天，全新定制的轴流转桨式水电机组转子开始吊装。

吊装现场，周林和吴涛最关注的是"竹竿队"。

在吊装作业中，转子与发电机定子的间隙只有20毫米，工程师们通过"插竹竿"来观测间隙大小，及时调整转子姿态，避免发生碰撞。周林和吴涛相约，接下来要研发水电机组智能安装设备，替代"竹竿队"。

从机器人维修转轮到全息监测的新型水轮机组，智能化解决方案，让葛洲坝焕发出了新的活力。

智造案例解读

中国是水电大国，仅长江流域就分布着6座大型梯级水电站，共110台机组，总装机容量7169.5万千瓦，其中单机容量70万千瓦及以上机组有86台，占世界同级别水电机组总数的60%以上。流域梯级电站群的安全稳定、高效运行关乎国家能源安全、社会民生和长江安澜，必须有专业优质、安全高效的检修保障。在水电机组检修中，大型水轮机转轮等大型曲面的修复是一项关键工序和重难点任务，其修复质量直接关乎水轮发电机能量转换效率和服役性能。大型水轮机转轮等大型部件尺寸/重量大（直径超过10米、重达数百吨）、检修工期紧，不便拆卸外运，需要在位检修，同时修复精度要求高，需要研制高效高精的在位检修技术与装备。

国家数字化设计与制造创新中心联合中国长江电力股份有限公司检修厂，攻克了机器人高效高精加工颤振主动抑制与几何／物理多约束轨迹规划、在位机器人测量－建模－修复加工一体化等关键技术，研发了"AI算法＋机器人＋智能工艺包"的机器人智能操作编程平台，研制了模块化、轻量化的"即插即用型"加工机器人功能部件，发明了国内首台（套）大型水轮机移动式在位机器人修复装备，实现了大型水轮机转轮等大型部件在位机器人测量－建模－修复加工，降低了劳动强度和职业健康危害。

一、智能制造的场景是什么

场景一：模块化、轻量化的系统设计，转运和装调便捷，功能灵活重构

以葛洲坝机组水轮机转轮（直径10.2~11.3米）修复为例，检修设备需要先从厂房大厅吊运至38米廊道层（垂直落差约17米），再从蜗壳门（直径约900毫米）进入，通过活动导叶和叶片间隙（最小约500毫米）进入转轮室。因此，如何兼顾加工范围和进场空间的约束是大型水轮机在位修复装备设计的难题。项目团队始终坚持模块化、轻量化的设计原则，自主创新研制了加工机器人、移动机构、末端执行器等一系列模块化的功能部件，在保证装备具备"6+1+3"自由度及10余种装备拓扑结构的前提下，仍能确保各个模块顺利进场，在现场完成快速组装并具备测量和修复加工能力（总体转运、安装、调试时间不超过6小时）。开发系统高精度自动化标定校准技术，保证组装后的"手－眼－足"快速精准标定和校准，显著降低了现场装调和操作难度，实现多种加工方式"灵活重构、即插即用"。

场景二：基于"AI算法+机器人+智能工艺包"的机器人智能化操作编程平台，实现智能编程，降低设备使用难度，缩短工艺准备时间

大型水轮机转轮等大型部件表面缺陷（如气蚀、裂纹、磨损等）产生的位置随机性极强、形态各异且不规则、大小深浅均不确定，采用传统的人工示教或离线编程，编程工作量和难度极大。项目团队提出大型水轮机在位机器人测量—建模—修复加工一体化方法，研发了基于"AI算法+机器人+智能工艺包"的机器人智能化操作编程平台。采用三维视觉测量仪对大型水轮机转轮（如内壁/叶片等）进行在位测量，基于AI算法自动进行待修复特征识别、点云曲面重构、加工轨迹规划、加工指令生成等，解决大型水轮机转轮在位修复加工中被修复对象模型与实物不匹配、加工装备与被修复对象相对位置不确定、修复轨迹规划复杂等难题。同时根据现场实际工况需求开发了智能化修复工艺包，实现了轨迹智能化编程和工艺参数设置"傻瓜"式操作，极大地降低了设备使用难度，缩短了工艺准备时间。

场景三：基于排斥势场的机器人加工几何—物理多约束轨迹和姿态规划方法，提升加工质量和效率

在位机器人加工具有自由度多、位姿灵活、工具传感柔性配置，以及结构形式可快速重构等优点，同样也会引入刚性降低且各向异性、加工稳定性差等新的问题。项目团队另辟蹊径，提出了基于排斥势场的机器人加工几何—物理多约束轨迹和姿态规划方法，提出了"颤振稳定性—切触面积"约束的高效加工参数优化方法，研发了"离线加工余量均布优化—在线切削负荷主动调控"机器人高效高精加工过程主动控制系统，显著改善了受限空间大型部件复杂曲面在位机器人加工变形、颤振的问题，显著提升了加工质量和效率。

二、与以前相比解决了什么问题

解决问题一：改善作业环境，提升综合检修效率

传统的大型水轮机转轮等大型部件的人工在位修复方式，作业强度大，伴有大量粉尘及噪声，危害员工身体健康。现在用"机器换人"，实现转轮（内壁 / 叶片等）智能加工修复，降低了职业健康危害。1 台（套）加工机器人 24 小时作业可以完成 8~10 人一周的打磨工作量，大大缩短了检修工期。按照三峡 70 万千瓦机组满负荷运行 1 天计算，可增发电量 1680 万度，具有良好的经济效益。

解决问题二：创新工艺技术，提升修复加工质量

采用大型水轮机移动式在位机器人修复装备前，主要采用"人工补焊 + 人工打磨"的方式进行大型水轮机转轮等大型部件修复，受工人的经验、身心状态、技能熟练度等因素影响，修复质量参差不齐、一致性和可控性较差。采用大型水轮机移动式在位机器人修复装备后，实现大型水轮机转轮等大型部件曲面全流程自动化修复，修复加工精度最高可达 ±0.1 毫米，相比人工修复质量明显提升。

解决问题三：智能操作编程，降低设备使用门槛

基于"AI 算法 + 机器人 + 智能工艺包"的机器人智能化操作编程平台，能够自动对大型水轮机转轮（内壁 / 叶片）完成三维测量、特征识别与模型重构、机器人轨迹 / 参数规划设置等，操作人员仅需设置少量参数，降低了设备使用难度。

第二节
中国数控机床的跃迁

精雕集团——数控系统

　　光学模具零件的加工面形精度达到微米级，表面粗糙度在10纳米以内。如此精密的零部件，要实现批量制造，人手无法胜任，需要借助精密的数控机床。

李 恩
北京精雕集团 高级
应用工程师

之前我们也没干过这些东西，觉得测试件的配合精度要求在5微米以内，这个活太难了。心里也是特别着急，想快速找到问题。

接到同事电话，北京精雕集团（以下简称"精雕集团"）高级应用工程师李恩匆匆来到车间，刚刚加工的精密配合测试件失败了。

这一次，测试件的配合精度要求在5微米以内，凹凸两个零件，必须严丝合缝。然而，这个测试件的精度误差超出加工要求3微米。

要想消除3微米的误差，加工的每一个细节都要回溯。

在分析了刀具的磨削数据后，李恩将疑问锁定在刀具自身的尺寸上。李恩强调，制作刀具的过程中，它也是有一个尺寸偏差的，φ6（毫米）球头刀实际的直径是φ5.995（毫米），它也是有5微米的偏差。

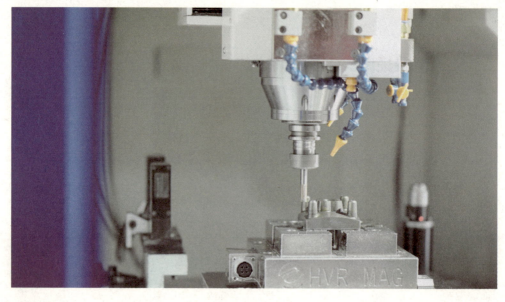

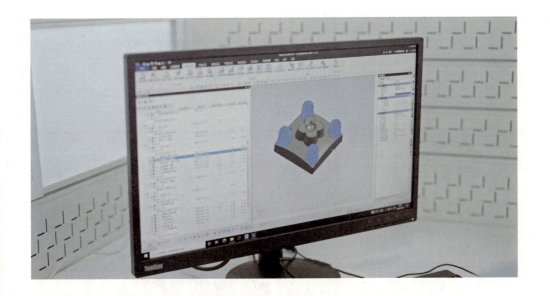

加工测试件需要用到 9 把刀，每把刀都存在微米级的偏差，失之毫厘，谬以千里。李恩决定编写一个在机检测程序，破解刀具尺寸误差的难题，以不断接近国际精密加工的最高标准。

李恩要重新加工一个精密配合测试件。激光对刀仪启动，自动测量刀具尺寸。数控系统根据刀具尺寸偏差，进行自动补偿，弥补刀具本身带来的误差。

李恩认为，9 把刀都要参与这样的测量和计算，工作量很大。于是就把数控系统中刀具 3D 圆角补偿功能给用起来，用过之后，发现这个功能确实很好。

10 小时的精密加工，刀具磨损被严格控制在 2 微米以内。

这一次，测试件加工的凹凸面配合间隙达到了 5 微米以内，相当于一张 A4 纸厚度的二十分之一，真正做到了严丝合缝。

李恩提到，"我们把测试件从中间剖开，剖开以后可以更清晰地看到测试件里面的配合情况。测试件做得好，大家肯定是特别高兴的，后来我们又重新把这个难度再进行升级，一点一点地，最后做成了一个'网红'测试件"。

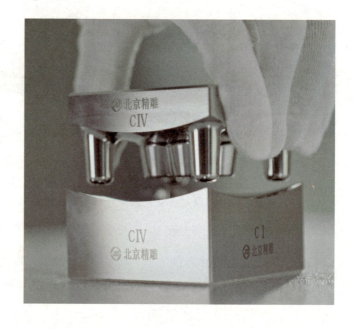

刘 欢
北京精雕集团 工程部技术经理

当时要达到配合精度3微米，其实我们是想都不敢想的，后来我们通过不断的尝试，配合精度才能够达到稳定的3微米。所以只要敢想敢干，就都能实现。

突破，用每一微米的力量，去推动中国数控机床的跃迁。

厂房里，又一台新机床即将下线。

工程师正在调整机床转台 A 轴的精度。机床是工业母机，它的精度每提升一微米，整个精密工业加工的水平就会向上跃升一步。

检测显示，这台机床五个轴的运动精度达到微米级。

调整好的五轴数控机床开始工作了，它就像一双艺术家的手，在面积只有 10.35 平方毫米的铅笔笔尖上，雕刻出了一把精致的小提琴。只有数控机床的轴运动精度达到微米级，才能做到如此行云流水。

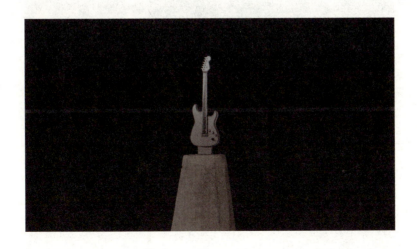

15 年前，国产的数控系统在国产机床市场的占有率还不足 1%，而现在，已经提高到了 31.9%。

智造案例解读

精密加工和超精密加工技术已成为机械制造技术的前沿标志，它反映一个工业国家机械加工的水平，是现代高科技产业和科学技术的发展基础。北京精雕集团突破了长期被国外垄断的微米级加工技术，是我国精密数控机床的头部企业。公司还整合了

3000 多家优质客户和国内外 1000 多家供应商作为平台配套制造资源，打造"快速制造云平台"（以下简称"平台"），以精密技术为智能制造赋能，助推企业发展。

一、智能制造的场景是什么

场景一：微创手术刀钳加工智造场景

微创手术刀钳需要加工的是它的刃口部位，宽度为 0.025 毫米，加工精度达 ±3 微米，这是通过精雕"快速制造云平台"诞生的产品。平台集合了强大的设计师团队、高精密数控设备，以及供需资源，将产品需求快速落地。实现一地研发、多地协同生产的制造服务模式，让制造需求和制造资源紧密贴合。

场景二：微米级精雕制造场景

机床振动、温度波动、刀具磨损等都会影响精密件加工。五轴高速数控机床加工出来的精密配合件，严丝合缝，肉眼无法识别。用到的最小刀具只有 0.05 毫米，设备的最大加工精度可以达到 0.1 微米，也就是精度可以达到 1 毫米的万分之一。

二、与以前相比解决了什么问题

解决问题一：设计制造投入大、周期长

过去用户既要投资设备，又要自己设计加工工艺，生产周期长。现在用户通过平台共享工艺，节省时间和资金，让设备发挥最大效能。

解决问题二：需求与资源无法有效匹配

平台通过统筹、调度各类生产资源，派发任务和订单追踪便捷高效，解决了需求和资源不能快速匹配带来的生产效率低下问题。

第三节
灵巧的大力士

埃夫特——大负载机器人

　　在安徽芜湖的汽车厂里，26 台国产大负载机器人正在生产汽车后侧围板，这些机器人手腕部可以负载 210 千克，它们精准抓取、上料，自动识别焊缝进行焊接，每 1 分钟就能完成一辆轿车后侧围板的制造。

　　世界第一台机械手臂发明出来后就率先应用在汽车生产线上，如今，全球约三分之一的工业机器人都应用在汽车厂。但是，纵观中国 120 家汽车厂，90% 以上的机器人都是国外进口的。

　　埃夫特智能装备股份有限公司（以下简称"埃夫特"）总工程师游玮正在带领团队装配大负载机器人。这些六轴机器人可以负载 210 千克，都是为汽车厂研制的。

游 玮
埃夫特智能装备股份
有限公司 总工程师

购置的成本，包括后期的使用维护成本都是非常高的。如果不能实现国产，其实对整个产业的影响比较深远，所以这个环节一定要补上。

2008年，还在读博士的游玮就参与了165千克大负载机器人的研发，现在，他带领团队向更大负载的机器人发起挑战。

但大负载机器人最难攻克的就是精度。

游玮解释说，200千克负载的机器人，要以很高的速度，快速定位到一个点，它每次到这个点的误差，要达到国际主流的水平，是要达到0.06~0.08毫米的一个范围。

机器人不仅要抓起200千克的东西，还要在高速运动状态下，完成高精度的作业。这就好比，关公挥舞着40多千克的青龙偃月刀，用刀尖去刺绣。

2011年，游玮他们研发出第一台210千克负载机器人，但最初的重复定位精度只有0.15毫米，远低于国际一流水平。

游玮带着团队拆解了机器人整个传动链里的每一个机械传动环节，对传动误差进行分析，寻找规律，用算法来补偿。

"举个例子来说，汽车每次刹车都往前多开了 0.5 米，每次都越界了，那我们下次就可以提前刹车，以便正好不过线。这就是所谓的提前补偿和判断。"

通过新的补偿算法，这台 210 千克大负载机器人的重复定位精度已经达到了 0.072 毫米，向 0.06 毫米的国际一流标准又靠近了一步。

"我们称之为又快、又准、又稳的手，强有力的手，然后这个手呢还能干细活，它做的精度还要控制到一个头发丝的精度范围内，所以它是一个灵巧的手。"

中国生产工业机器人的企业有数百家，但是，能够批量生产 100 千克以上大负载机器人的公司不超过 10 家。

大负载机器人，这是中国机器人企业亟待翻越的一座高山。

汽车厂每几分钟下线一辆整车，这意味着机器人不仅要灵巧，还要动作快，因此又对大负载机器人的运动节拍提出了非常高的要求。

一年前，这台 210 千克大负载机器人的运动节拍只有每小时 1100 次，研发团队不断优化算法。

"作为技术人员，最直接的方式，就是把门一关，开始一条条看代码，一张张看图纸，然后去死磕。仿真验证后，我们会直接导入自己的控制器。控制器一定要是自己的，如果不是自己的，这些核心的算法就没法导入进去。"

　　刚刚，测试结果出来了，这台大负载机器人，运动节拍已经提升到每小时 1700 次，提升幅度高达 59%，这又是一次巨大的飞跃。

　　"这十多年其实是国产机器人产业链延展、协同攻关的过程。现在，一个非常好的机会就是，下游的汽车厂也开始愿意用国产机器人了，所以会拉动整个产业链，往高端发展。"

　　中国的机器人产业后发起步，却一路奋起直追，这是一场与中国智能制造共同奋进的追梦之旅。

张跃明

北京工业大学 教授、
博士生导师

我赶上了这个好时
代，能够为国家做贡
献，这是我人生最大
的快乐。

北工大——RV 减速机

在工业生产中，能挑大梁的机器人往往需要负重
50 千克以上，这些顶梁柱的肘关节必须要用载荷更
大、稳定性更强的 RV 减速机。

中国工业机器人一年的产量已经达到 44 万台，但是，长久以来，70% 的 RV 减速机都来自外资品牌。

2015 年，北京工业大学张跃明教授决定向这一国内空白技术发起挑战。

但把理论变成产品谈何容易。

打开 RV 减速机，里面就像一个太阳系，既有太阳轮，也有行星轮。

行星轮就像围绕太阳的行星，既有自转也有公转，自转一圈的同时公转 40 圈，通过多组行星运动实现精密传动，把电机的高速转动降下来，同时增大转矩，驱动机器人手臂旋转。

设计生产出如此复杂的"太阳系"，难度可想而知。

一千多个昼夜的理论研究及计算，张跃明终于在 2018 年通过正向设计，制造出了 RV 减速机的第一批原型样机。

然而，让他没有想到的是，当他们给原型样机做测试的时候，却发现原型样机负载 80 千克重量不停歇运行一周后，RV 减速机磨损严重，根本无法长期保持精度。

而此时，石家庄的工厂已经建好，就等投产了。

张跃明忧心忡忡，如果这个问题不解决，制造出的产品就都是废品。上亿元的设备，还有那么多的工人，都在等待。每天都在花钱，没有产品出来，心理压力非常大。

磨损严重的问题到底出在哪里？

最终，他将目光锁定在行星摆线轮上，这是 RV 减速机的核心部件。行星摆线轮一般有 39 个齿，每个齿的廓线形状必须保持一致，稍有误差就会影响整个 RV 减速机的传动精度。

张跃明决定重新求解，设计出行星摆线轮最佳的齿轮廓线。

"只要你醒来就想这件事，想到一个点子或者一个方法，无论多早，你可能都要爬起来，重新梳理你的数学公式、数学方程，然后进行修改，修改完了就迫不及待地想把它加工出来进行验证。"

张跃明正在用三坐标测试仪测试摆线轮的廓形误差。黑色线是设计的理论廓线，紫色线表示摆线轮的实际廓线，只有在红线之内才合格。

经过上万次的反复优化，张跃明终于形成了一套独特的行星摆线轮修形设计方法，保证 39 个齿形的廓线误差控制在 4 微米以内。

车间里，工程师将刚刚加工好的减速机安装在测试机械臂上，经过近十万次的测试，RV 减速机的精度保持性达到了 0.04 毫米，换算成角度为 0.3 弧分，该数据表明彻底解决了磨损严重的问题。

此时的张跃明轻松了好多，他开心地说："我们要好于国外的产品，这个时候我就认定，我们这次的改进是成功的，那个感觉，应该用欣喜若狂来表达。"

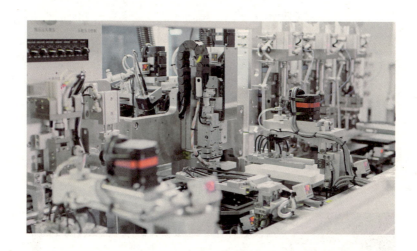

工程师将自行研发的 RV 减速机安装到机器人身上。装上 RV 减速机，这台机器人就有了结实的肘关节，以支撑它挥洒自如。

现在，这家工厂已经接到了 6 万台的订单，多家机器人企业正等待着他们交付产品。

　　跨过严苛的微米制造，中国人终于可以生产出高精度的 RV 减速机。

　　目前，中国制造业机器人的密度，已达到每万人超过 300 台。越来越多的智能手臂将装上自主研发的减速机、伺服电机和控制器。而中国也正致力于将自主创新融入工业机器人制造的全产业链。

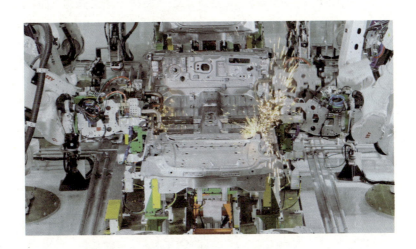

智造案例解读 ----------------------------------

北京智同精密传动科技有限责任公司(以下简称"智同科技")成立于2015年,位于北京经济技术开发区,是国家高新技术企业、国家科技型中小企业及北京市专精特新"小巨人"企业。智同科技自主、正向研发的工业机器人用高精密摆线减速机,广泛应用于各类工业机器人、精密机床、工程装备等领域,以强大的定制开发能力不断拓展产品应用边界,逐步实现精密传动全场景客户覆盖。

机器人用RV减速机是机器人的三大核心部件之一,主要是经过复杂的齿轮组运动,最终达到降低速度和提高扭矩的作用。由于机器人手臂往复运动,而且为了让机器人手臂更精准抓取或放置物体,要求减速机里的每一个机械零件制造精度都很高,更重要的是,在机器人运行多年后,减速机里面的齿轮不能有磨损。因为机械齿轮运动时间久了,必然会存在磨损,这也正是制造RV减速机最难的地方。要达到上述目标,在减速机的机械设计和制造上都存在非常大的难度。在设计阶段需要运用机械、材料、力学、数学、计算机等多学科综合知识,经过不断的理论分析、试验验证、修改,以及在实验室和用户中不断的使用验证,最后才能把设计图纸确定下来。设计完成后,进入制造环节,最重要的就是制造机床。RV减速机制造对机床有极高的要求,我们过去传统的机床是满足不了要求的,这种机床要求精度高,因此集成了机械、传感、计算机、控制、检测等多学科技术,集成了许多当今高科技成果。

一、智能制造的场景是什么

场景一：锂电池电芯清洗

动力电池是新能源汽车的核心部件，电芯清洗的作用是清除电芯表面脏污，粗化电芯表面，提高贴胶或涂胶的附着力。电芯清洗在电池制造的模组加工转运工艺中是保证质量的重要环节，直接决定了电池模组的整体性能。为提升电芯清洗效率及清洗质量，某知名锂电池厂家采用了埃夫特 ER210 机器人进行电芯清洗。在清洗环节，ER210 机器人可控制夹爪搬运 1~2 个电芯（2.5千克/个），同时移动至激光清洗机附近进行来回运动清洗，运动范围可达 2.7 米。同时机器人末端集成配合旋转附加轴的柔性夹爪，可翻转电芯正反面以便清洗，清洗 2 个电芯仅需 13 秒，大大提升了清洗效率。

场景二：RV 减速机组装场景

RV 减速机的组成均为机械零件，在完成机械零件的加工制造后，通过组装成为减速机。这些机械零件在机械制造工厂加工完成，生产线主要由机床、物流传送带、机器人及控制系统组成，生产线的机床制造精度都很高，整个生产线均由计算机程序控制，零件在这样的生产线上自动完成加工，工人参与很少。除了这些硬件设备外，对制造环境也有比较高的要求，如工作环境要干净，不能有太大灰尘，工厂车间温度需要恒温，温差要求在 2 摄氏度以内。所有零件制造完成后，将被送到装配车间，由装配工人组装，最后成为减速机成品。

二、与以前相比解决了什么问题

解决问题一：减少职业伤害

过去用户通过人工配合专机进行激光清洗，不仅员工工作强度大，而且大功率激光对人体有潜在危害，长期工作会对员工视力、皮肤等产生职业伤害。机器人及自动化设备的引进从真正意义上解决了该工作对人的伤害。

解决问题二：实现柔性化提升清洗质量

过去专机清洗使用三轴机械手，由于三轴自由度有限，清洗不能覆盖电芯边角轮廓位置，造成贴胶无法完全附着绝缘，导致电池短路。采用六轴机器人加工平台之后，不仅实现了柔性化生产，用户无须手动操作即可根据产品选择不同形状的电芯、端板、侧板和盖板等绝缘板取放清洗，而且电芯各表面位置都能清洗到位，清洗质量明显提升。

解决问题三：提高生产产能

机器人加工平台可以 24 小时自动运行，无须人员看管，让设备发挥最大效能。

解决问题四：打破国外技术垄断

RV 减速机是用于机器人关节的，过去国内机器人使用的 RV 减速机需要进口，而且在世界上只有日本的一个企业能够生产。RV 减速机的国产化，打破了国外技术垄断，让国产机器人用上国产的减速机。

第四节
智手探天

非夕科技——自适应机器人

　　我们弹琴是享受音乐带来的愉悦，而他，非夕科技联合创始人、首席执行官王世全却在思考力控和力感知。王世全是典型的理工男，他发现，根据大脑对乐曲的理解，手指拨动琴弦，实际是在输出大小不同的力，表达音色高低，节奏起伏，才形成美妙的旋律。

王世全
非夕科技 联合创始
人＆首席执行官

以往的机器人，每个
关节控制固定的位
置，从而形成固定的
轨迹。但我们那套理
论，让机器人的每个
关节是被控制的，输
出的是扭矩，或者通
俗来讲输出的是力。

这正是王世全一直在追寻的，他要研发一个能感
知、会思考，更像人的机器人。

王世全要开发一套类似于人类小脑的算法，让机
器人有肢体的力觉感知，然后快速做出响应，突破以
往工业机器人的局限。

"毕竟是在全球范围内，从来没有人去尝试过的
一些技术和探索，所以里面有很多很多不确定性，等
着我们去解决。"

芭蕾舞演员表演时靠手和姿态去保持平衡，完成
动作，实现整体动作过程中力的控制并形成肌肉记忆，
让每一个动作都流畅精确。这就是王世全要突破的机
器人关键技术——力控和力感知。

　　这颗螺钉的重量只有 3 克，把它放在机械臂的末端，机器人仍然能感知到。机器人通过遍布手臂的传感器信息，以及机器人的物理模型进行换算，将重量表达为 0.03 牛。机器人感知到重量，自动开启程序运动，这个过程就实现了机器人末端力感知。

将小球放到机器人的托盘里，依靠类似于小脑的算法，机器
人一边控制小球的动态平衡，同时去抵消小球运动，以及其它外
界因素带来的干扰，即便是人为推搡，它也能始终保持平衡。

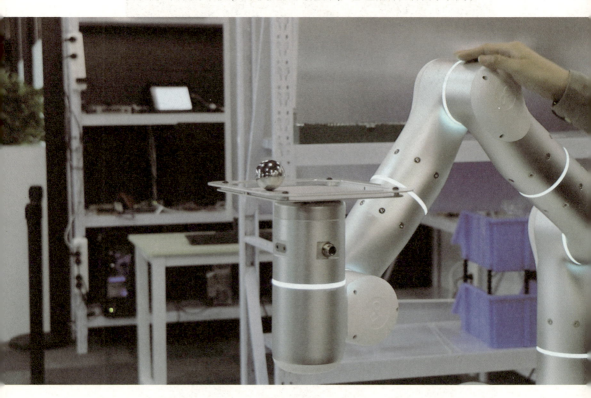

现在，机器人来到园区的广场，接受大家的考验。

给它的考题，是任意物的抓取。

形状各异、大小不一，都难不倒它，它总是略加思索后，选
择能夹取的最佳位置。

跟传统机器人不同，这台机器人能自己思考、自己决策，具
备了超强的自适应能力。

无锡刚刚建成一条汽车域控制器智能化生产线。自适应机器人加入其中。线束插拔和橡胶风扇的安装非常精细，之前机器人无法控制这种软性材料的插拔力度，但这一次，机器人实现了智能力控，精准插拔安装，效率提升了 20% 以上。

不只是比肩人手，现在，工程师们又在尝试着让自适应机器人超越人手。

工程师朱培章正在操控一个机械臂，而实际他是在遥控 200 米之外的另外两个机器人。一个从篮子里拿出黄瓜，放到砧板上，另外一个马上开始切。而机器人抓取和切菜的力，再同步传导回来，朱培章的手能实时感知到两个机器人力的变化，他能精准控制。

"隔山打牛""悬丝诊脉"，"遥操作"让我们实现了分身有术。

创新无止境，王世全正在搭建一个应用开发平台。

未来，所有的人都可以在这个平台上，随心所欲，展开想象，开发各种机器人应用软件。

　　这羞涩的一笑蕴含着一个理工男对未来的梦想。

　　人类的手可以分合自如地做出各种灵活的动作，完成许多复杂的任务。中国的工程师制造出比人类还要灵巧的手，去探索宇宙未知的领域。

航天五院——天河机械臂

　　2022 年 11 月 17 日，神舟十四号航天员出舱执行任务。这是中国空间站 T 字构型完成后的首次出舱活动。

　　和三位宇航员密切协同的是两条神奇的机械臂。

　　大机械臂名叫"天和"，承载力可达 25 吨，堪称中国空间站的"大力士"。小机械臂名叫"问天"，虽然承载力只有 3 吨，但十分灵活。

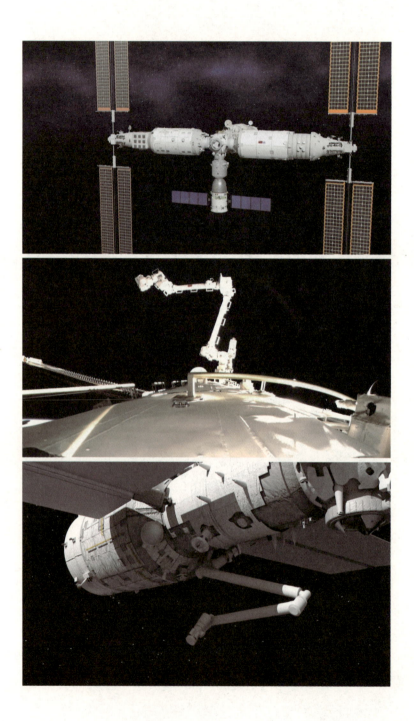

中国机械臂惊艳太空，而研发它的幕后英雄，是一支年轻的航天战队。

梁常春，航天科技集团五院空间站机械臂控制系统主任设计师，35 岁，他从嫦娥五号采样机械臂研发工作开始，一路攻坚克难。

如何让"天和"机械臂这个大家伙在太空舱上自由移动，这个难题困扰了研发团队很久。

"天和"机械臂有 2 根臂杆、7 个活动关节，展开长度 10.2 米。这么长的一个机械臂，要在零重力环境下，移动范围覆盖所有作业区域，精度还必须达到 5 厘米以内。

梁常春说："我们想通过配置这样一个机械臂，尽量在用较少资源的情况下，能够把整个空间站都照顾到，这样的话可能就得有一些中国机械臂自己的特色。"

梁常春
航天科技集团五院空间站机械臂控制系统主任设计师

我们想通过配置这样一个机械臂，尽量在用较少资源的情况下，能够把整个空间站都照顾到，这样的话可能就得有一些中国机械臂自己的特色。

探索浩瀚宇宙
发展航天事业
建设航天强国
是我们不懈追求的航天梦
——习近平

　　就在大家一筹莫展的时候，一位工程师用圆规画图，猛然受到启发。就像圆规一样，他们也让大型机械臂的两只"手"当"脚"，互为支点，交替切换向前移动，实现爬行转移。

问天全景摄像机a

　　年轻的中国工程师们，打破常规，独具创新，让"天和"机械臂执行任务的精度达到毫米级，出色完成天舟货运舱抓取和舱段在轨转位任务，被网友们称作"百变金刚"。

中国开展太空机械臂的研发比其他国家晚了 40 年，但是我们的进步速度却让世界为之惊叹。

智造案例解读

为什么机器人发展这么多年，却很少出现在生活中，因为它们只能做重复度高、精度高的工作，而我们的生活却是复杂多变的，如何让机器人能够适应未知的环境并与之交互？如何让机器人实现高性能的复杂力控，提供和人类相似的精巧操作以及手感？

非夕科技机器人研发团队结合高精度力控、计算机视觉、AI 技术，打造了灵巧而智能的第三代自适应机器人，一个崭新的机器人时代正在开启。

一、智能制造的场景是什么

场景：高速稳定抓取智造场景

第一次实现了机器人对于任意场景下的任意物体的通用高速抓取，在机械臂硬件构型、相机不做限制的情况下，让机器人拥有比肩人类的抓取能力。

不仅在人类推搡干预下稳定地保持高效工作，还在极不确定的工作环境中出色完成抛光、插拔等任务，强大的稳定性和灵巧智能吸引了全世界的注意力。

二、与以前相比解决了什么问题

解决问题一：提升机器人的通用性和智能化程度

围绕自适应性进行了软硬件一体化的颠覆式设计，弥补了传统工业机器人和协作式机器人的不足，将机器人的通用性和智能化程度提升到一个新的层面。机器人和人的相似度进一步增强，更加柔性、智能，可以高效地转换不同生产线、产品，或是仅用一条生产线就可以处理同品类的不同产品。

解决问题二：实现接插头自动组装

电动车接插头组装生产线中，一辆车存在上千个带有线缆的接插头需要组装，每次的插头状态、种类、接插的动作力度都可能不同，相关厂商一直无法找到合适的自动化方案。机器人则可以通过 AI 视觉来进行复杂环境下的有效定位，并且实时运用力觉反馈来调整及插入，补偿视觉的定位误差。而机器人插拔的一致性，也减少了额外用来避免人为插拔出错的检测环节。

　　"宇宙在乎手，万化生乎身"，当我们用智慧创造出更多奇妙之"手"，真正实现唾手可得、手到擒来，我们就可以从容自信地将未来握在"手"中。

第四篇

机思敏捷

　　大道至简，静水流深。

　　0 与 1，两个简单的数字，却在计算机的世界里
幻化无穷。

　　掌握了二进制，人类就像打开了一扇新的大门。

　　我们的存储和记忆边界在无限延展，计算能力呈
几何倍数地提高。

　　算力引爆了制造业、商业、服务业中的每一个神
经元，演变成最为强大的新型生产力。

第一节
足智多谋

恩平油田——无人化采油

夜晚，在中国南海，一座海上"巨无霸"横空出世。

在起伏不定的茫茫大海中，将近 2 万吨的上部组块被精准对接在了 101 米高的导管架底座上，误差不超过 5 毫米。

　　这就是恩平 15-1，亚洲最大的海上石油生产平台。总高度相当于 60 层的摩天大楼，单层甲板面积相当于 10 个篮球场。

　　依托恩平 15-1，一个海上智能化无人钻采集群呼之欲出。

　　中国海油深圳分公司恩平油田生产经理张琳将乘坐直升机前往恩平采油平台。在那里，一场无人化采油测试即将开始。

　　在中国广袤的南海，这里资源丰富，但这里 70% 的油气资源都蕴藏在深海区域。数字化、智能化，正在帮助张琳他们叩开这座油气宝库的大门。

恩平 10-2 平台到了，这里既没有生活区，也没有钻机，甲板面积比传统平台缩小了一半，重量降低了三分之一，是目前我国智能化程度最高的海上无人采油平台。

一登上恩平 10-2，张琳他们迅速开始检查平台上的设备。

控制室很简单，测试成功后，这里将没有人值守，依靠海上机器人接收指令后，开始自动化采油。

能够实现这样的远程控制，靠的是恩平 15-1 平台上的中央控制系统。它就像一个"指挥官"，指挥着两个平台上 1500 多套仪表设备，所有设备的运行数据都汇集到中央控制系统。"指挥官"快速决断，指挥两个平台默契配合。

这一次，海上无人钻采油田群首次使用了国产中央控制系统。

张　琳

中国海油深圳分公司
恩平油田 生产经理

你别看它小，但它非常智能，在数据采集和自主分析方面的功能，比以前强大很多，它本身的判断能力也强了很多，就像机器人一样。

在北京的工厂里，正在生产的就是中央控制系统模块，电路板完成自动焊接，机械臂抓取，精准放入壳体中，自动装配，23秒就生产出一块主控制器模块。

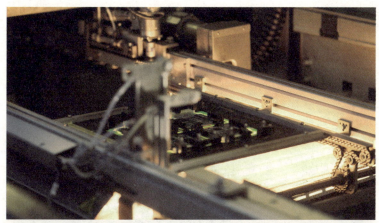

恩平油田海上采油平台强大的中央控制系统，就是由数百个这样的控制模块构成的。这个"指挥官"可不仅仅是模块的简单堆叠，而是被工程师们赋予了"运筹帷幄、决胜千里"的"智慧"。

工程师们正在进行恩平海上采油平台原油外输的仿真测试。

方　垒
和利时集团
联席总裁

可能表面上你看到的就是一个数字在变，实际上，背后我们是有一系列的这种高可靠性的、冗余的控制器在运算。

海上平台的电油嘴打开后，海底的原油抽上来，经过层层处理，到达"原油缓冲罐"，之后通过泵机向外输送。

警报响起，提示原油缓冲罐内的液位低于安全值，如果中央控制系统不及时调节，泵机将会持续空转，甚至损坏。

假如中央控制系统是"指挥官"，那么这些工程师就是老师，他们正在教这套控制系统在毫秒级的时间里，指挥平台上的"千军万马"。

"指挥官"能够"指挥若定"，凭借的就是工程师们编制的一套严密的"兵法秘笈"。

　　抽丝剥茧，和利时集团联席总裁方垒他们很快找到了控制海上平台原油输出的策略。

　　"我们在原来的控制算法上加一个分程控制，把控制做得更好。"

　　守得云开见月明，历经上百次测试，这套系统"久经沙场"后，被调试到了最佳状态，可以挥洒自如地控制海上采油平台。

　　2022 年 12 月 7 日，恩平 15-1 油田群首期正式投产。远程无人开采，让恩平 10-2 平台一年能节省上千万元的运维费用。

　　接下来将会有更多的平台实现无人化采油。相信到那个时候，工程师也能做到在陆地上对海上平台进行远程控制了，就再也不用像现在这样每天在海上飞来飞去了。

智造案例解读

　　海上无人化采油平台是中国海油智能油田建设的重点方向，它标志着海洋油气生产平台从传统的有人模式向数字化、智能化的无人模式转型，其应用可以节约大量建造和维护成本。恩平10-2平台从项目伊始便按照无人化采油平台标准进行设计建造，是我国目前智能化程度最高的海上无人平台，满足同时在中心平台和距海上平台超200千米的陆地操控中心远程操作的需求，搭配了全天候实时视频监视系统，具备遥控测井、压井和恢复生产的能力。

一、智能制造的场景是什么

场景一：采油井远程开启场景

　　海上无人化采油平台是通过采油井进行采油生产的，而电潜泵和油嘴是控制采油井生产的两个关键部件。恩平15-1中心平台通过海底光纤通信的方式，远程控制距离14千米以外的恩平10-2无人化采油平台的电潜泵启动及电动油嘴的调节，可实现毫秒级精准调控。同时，恩平 10-2 无人化采油平台井口区的高清视频监控系统又将现场画面以毫秒级回传到中心平台和陆地操控中心，最终达到对无人化采油平台采油井生产的实时感知和精准调控。

场景二：海底输油管线远程"一键置换"场景

海底输油管线是海上油田开发生产的"生命线"，它承担着将各个采油平台生产的原油输送到终端处理设施的使命。当海上采油平台停产时，对海管内原油有效置换，是防止海管内原油凝固和保障海管畅通的至关重要的环节，而整个海管置换作业涉及动力系统、消防系统、海水系统、原油生产系统，以及安全仪表系统等多个系统，通过数据汇集、程序逻辑控制等手段，将传统作业转变为系统自动辨识处理，实现海底输油管线远程"一键置换"，是海上采油平台及无人化转型的基石。

二、与以前相比解决了什么问题

解决问题一：实现超远距离操控、监测、处置

数字化、智能化技术手段的应用，有效解决了超远距离操控、监测和处置的难题，为海上无人化采油平台安全、平稳、高效地生产提供保障，提升人工效率，减少人力成本，实现经济效益最大化。

解决问题二：实现智能监控、智能识别、智能应对

通过整合无人化采油平台各系统数据资源，进行数据分析，实现后台对生产流程、设施设备工况数据的智能监控、智能识别，以及异常工况智能应对处置。同时，又具备远程实时感知能力，通过人机结合的方式实现对无人化采油平台的最佳控制，提升采油效率及整体安全水平。

第二节
智慧钢铁

湛江钢铁——精准轧钢

不仅仅是海上的钻井平台可以实现自感知、自决策，在工业大脑和大数据的指挥下，钢铁巨人也可以轻盈起舞。

在湛江东海岛上，一座年轻的钢厂拔地而起，乘着智能时代的风潮，"未来工厂"的场景，正在这里变成现实。

在宝钢湛江钢铁有限公司（以下简称"湛江钢铁"）的热轧车间里，精轧线犹如一条长长的机场跑道，一块块钢板飞速进出。

在这里，时间以秒为单位，每多抢出一秒都是提高效率。

通常，钢厂会将两块钢板之间的安全间隙控制在 30 秒。

宝钢湛江钢铁有限公司热轧厂厂长朱蔚林和他的团队向极限发起挑战，他们要将两块钢板之间的安全间隙压缩到 10 秒以内。

这就相当于两块大小、节奏、速度都不一样的钢，必须前后间隙不超过 10 秒同时通过轧机，一旦两块钢追尾，就是严重事故。这就好比在一条跑道上，一架飞机还没有完全起飞，另一架就要开始降落。

但这个环节策动的价值越大，风险越大。

朱蔚林
宝钢湛江钢铁有限公
司热轧厂 厂长

我们冒的风险在于，
可能会导致两块钢的
废弃，导致机器的损
失，所以以前大家是
不敢去做这种事情的。

我们目前探索的是一
块钢在抽出来之前，
就要提前去计算它在
每一个区域可能用的
时间是多少。

快，但不能乱。

在精轧入口防止追钢这一功能上，朱蔚林他们增
加了2600步程序计算，对5万多块钢板进行比对分析。

在700米的轧线上，安装了上千个细小的光电、
压力和位置传感器，犹如"千里眼"和"顺风耳"，
将每块钢板在轧线上进出的几万条数据都汇集到"工
业大脑"，由它来控制轧钢的精准速度。

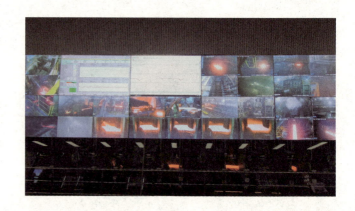

跑道没有换，只是换了算法，朱蔚林他们设定的目标终于实现，两块钢板在热轧线上的安全间隙缩短到了 10 秒以内。

这意味着轧钢厂的年产量至少可以提高 120 万吨，相当于增加了一座百万吨级产能的小型热轧厂。

在这座年轻的钢厂里，计算无处不在。

厚板厂里，利用 5G 技术远程遥控热处理线的一场测试正在进行。

工程师在平板电脑上点击指令，辊道启动，钢板缓缓前行。

然而，在众人期待的目光中，即将进入热处理炉的钢板突然停了下来。

手机下载视频卡顿是常有的事，可在钢铁生产线上，卡顿就等于严重的事故。

放弃意味着前功尽弃。到底哪个环节引发了卡顿，宝钢湛江钢铁有限公司设备部通用技术组组长陈功和他的团队赶紧逐一排查。

果然，他们在行车顶上发现了端倪。

原来，行车面积大，钢板移动时，多个摄像头需要同时采集数据，这好比多辆车同时涌进一条车道，导致数据传输出现拥堵，操作出现卡顿。

陈功和他的团队迅速修改底层算法，让数据可以错峰通过。

陈　功

宝钢湛江钢铁有限公司设备部 通用技术组组长

要知道我们这次的调试是完全按照正常的生产状况来的，光炉子里面就有900多度，这个时候设备失控是要出大事的，我们心里都很着急啊。

这次试验是非常大胆的一步。因为在这个厚板厂里，有 19 个操作室，操作台和设备之间的线缆就像辫子一样错综复杂。

5G 低时延的响应速度，才让他们敢把"辫子"剪掉。

从有线到无线，厚板厂的工人动动手指，就可以把钢板送到它们该去的地方。

当钢铁遇上人工智能，比拼的不再是经验和体力，而是脑力和算力。

青岛特钢——向智能要效率

工厂还是那个工厂，改变的是生产方式，而钢铁作为基础材料也得以不断升级。

在青岛特钢的检测中心里，机器人检验员正在抓取从风洞传过来的钢样。然而切削后，机器人发现钢样有裂纹，只见它果断把钢样扔进了废样口，迅速发出了警报。

邓 轲

青岛特钢炼钢 作业区作业长

以前我们是人工用样勺取样，钢水的温度比较高，1600 多度，危险性比较大。因为人工取样有时不标准，要反复地取。我之前天天往检验室跑，跑得慢了可不行，这一炉钢水就等着它呢。

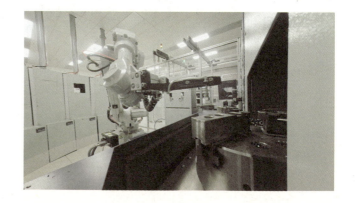

远在青岛特钢炼钢车间主控室的邓师傅收到警报，马上通过智能作业系统，一键操作，重新取样，再次发给机器人。

现在高炉里正在冶炼的是给常泰长江大桥生产的缆索钢丝盘条。

　　以钢铁之强，系千钧之重。大桥钢索要用的高强度盘条，就像一根柔韧的"面条"。这根"面条"看起来简单，可做起来很复杂，最关键的就是用料配比。

　　从下料到出钢，要在 15 分钟内精准把握火候和加料量。

　　钢水的纯净度越高，钢丝的柔韧性越强。

　　而要想炼出一炉高纯净的钢水，检验至关重要。

　　"现在我们炼的这炉钢就是为跨海大桥冶炼的高强度钢索，钢水成分要求非常严格，有一点偏差就达不到标准，接下来的火候控制，我们只有依靠化验室的结果。"

箱门打开，机器人取出钢样，仅仅 150 秒的工夫，就拿出了检验结果，多种微量元素的数据同步传到了炉前。现在检测效率提高了一倍。

一炉纯净的钢水炼好了，即将开始它的幻化之旅。

青岛特钢有两个工厂，一个在线下，一个在线上。

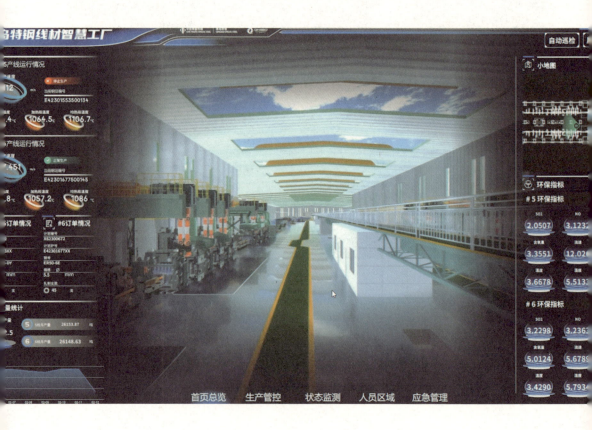

在虚拟的数字孪生工厂里，智能监测系统照看着 448 台钢线材主机设备，不但利用机器学习技术"教会"设备自己做动态监测，而且设备还可以一边生产一边检测。

车间里，机器就像春蚕一样，开始吐丝。

冷却过程的温度直接影响线材的性能，在这条 120 多米的风冷辊道上，高精度近红外测温仪每秒采集线材表面三千万个点的温度，实时计算，数据会准确预报出这一批线材的质量。

这是全球强度最高的缆索钢丝用钢盘条，它的强度是一般钢筋的 5 倍。每根直径 7 毫米的细钢丝经过加工后，都能吊起 5 辆小轿车的重量。

在这家钢厂，智能化无处不在，人与智能高效协作。

从液态到固态，炼钢的每一步都有数据可循，从事后检验到事前预测、过程管控，青岛特钢用网络管理工厂，用算法指挥生产。

中国钢铁，不只以量取胜，而是向智能要效率，向精细要市场。

智造案例解读 ·····················

钢铁行业是国民经济的重要基础性支柱产业，具有流程连续化、重资产、劳动密集、信息密集、工况环境恶劣、高危险性、强电磁干扰、无线通信信号屏蔽点多等特点。因此，钢铁行业对工业互联网有特殊的、严苛的要求。

钢铁行业存在大量的危险场景和恶劣环境，劳动岗位重体力、重复性高，大量设备需要人工点检。监测技术手段的落后，对设备管理人员的经验素质要求较高，同时也需要大量的现场点检人员，影响工作效率和生产效率。钢铁行业对智慧制造的需求十分迫切。

宝钢湛江钢铁有限公司是全球领先的现代化钢铁联合企业——宝山钢铁股份有限公司的四大基地之一，目前已成为中国华南区域规模最大的碳钢板材制造基地，是新时代钢铁业更加绿色、更高效率、更高质量、更可持续的典范工程。

一、智能制造的场景是什么

场景一：智慧铁水运输系统智造场景

作为湛江钢铁智慧物流的龙头项目，智慧铁水运输系统具有技术难度大、涉及专业广的特点，包括无人驾驶系统和智能调度系统两大部分。在高炉下接铁水的混铁车对位精度 ±5 厘米，采用了高精地图、惯性导航、卫星定位、激光测距等前沿技术。7 台机车、23 台混铁车要在 3 座高炉与倒罐间的 12 公里长的铁路线上自主运行，智能调度系统必须高效、智能、灵活。通过 AI 算法，智能调度系统可在成千上万种排列组合中找到最优解，并在多机车同时运行时智能规避线路冲突。

场景二：5G 赋能工业远程控制技术

在工厂中存在 3D（Dangerous、Dirty、Difficult，3D）作业区域，该区域给工人的健康带来极大的损害。钢铁行业属于连续型制造，众多企业想改而不敢改。一旦发生故障，一次意外停机给企业带来的损失可能都是上千万元的。冶金工厂对工业互联网的要求苛刻（工况环境恶劣、流程连续、信息密集、强磁干扰等），传统无线通信技术难以满足智能制造的要求（覆盖范围小、网络安全无保障、信号屏蔽点多等）。

二、与以前相比解决了什么问题

解决问题一：实现无人化操作

首家全面实现物流无人化操作的钢铁企业。人员配置由 40 名机车司机（10 辆车，1 车 1 司机，4 个班共 40 人）优化至 0 人；车辆调度员由原来的 4 人优化至 0 人。将机车司机从繁重、紧张的工作环境中解放出来，作业模式实现从"人工作业"到"无人化、智能化作业"的本质飞跃，作业效率得到极大提升，切实为企业降本增效。

解决问题二：实现远程控制

实现远程控制。把人从危险、艰苦的环境中解放出来，从单一、固定的岗位中解放出来，实现一人多岗，增产不增人。目前，远程控制技术已在热处理线上率先应用，未来将会在效率、速度要求更高的核心生产线上逐步应用。

第三节
智能工厂

杰瑞装备——智能井场

页岩气，藏匿在页岩孔隙里的天然气。中国的页岩气储量超过 35.7 万亿立方米，全球第一。

　　烟台杰瑞石油装备技术有限公司（以下简称"杰瑞装备"）研发二部总监王继鑫一行人来到了位于四川威远县的新井场，就在他们脚下，蕴藏着 35 亿立方米的页岩气。

　　井越深，作业压力就越大。要从 5000 米深的石头缝里，把页岩气连续不断地挤出来，这需要压裂设备不仅动力强劲，而且连续作业、压力源源不断。

　　回到烟台的工厂，王继鑫和团队给威远井场迅速量身定制了 5000 型电驱压裂设备，这就相当于把燃油车换成了电动车，启动快、动力强。

井场压裂设备

王继鑫

杰瑞装备研发二部
总监

让一个人用百米的速度
跑马拉松，以当下人类
的极限是做不到的。

为了满足连续高压作
业需求，我们需要对
整个动力端的刚度和
强度，做全面的升级。

　　然而，在模拟测试中，动力端壳体发生了变形，压裂设备的心脏——压裂泵将难以承受井场的高压力连续作业，王继鑫要另做打算。

　　研发团队决定做优化升级，给 5000 型压裂设备打造一颗更为强大的心脏，他们将以往动力端采用的分体式结构升级成一体式结构。

　　牵一发而动全身，动力端一体化意味着压裂设备的 138 个零部件的设计都要推倒重来。此前，产品方案重新设计至少需要一周的时间。但现在，智能化设计系统已经颠覆了传统的产品设计模式。

　　设计师只需要输入定制化的参数需求，系统经过运算，自动从模型库中抓取和产品需求相匹配的零部件模块，一天时间就能精准组装出三维模型。

　　全新打造的动力端，王继鑫决定由机器人进行整体焊接，但如此大的重量和尺寸对于这台智能焊匠来说还是头一次。

　　工程师为它编写了一套焊接程序，焊枪可以对318条焊缝自动追踪，360度全方位切换，精准定位，每条焊缝的误差不超过1毫米，以保证动力端可以承受压裂作业中的上亿次高压循环载荷。

　　在这个刚刚完成升级的智能工厂里，一台台页岩气开采装备顺利下线。

　　通过几千米的钻井管道，压裂设备产生的高压将压裂液打入地层，把页岩撑出犹如毛细血管一样的裂缝，再继续将携砂液打入井内，液体携带的砂子填充在裂缝中，形成页岩气运移通道，页岩气就会沿着砂子支撑的裂缝流入井筒，运送到地面管道。

　　此时，在千里之外的烟台，工程师已经通过云平台收到警报。

　　以前，造成作业压力波动异常的原因众多，难以快速排查。

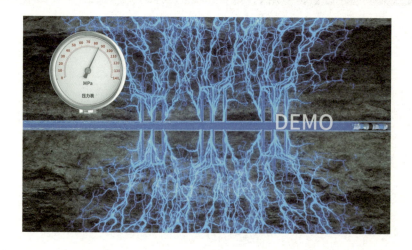

现在，工程师通过眼前的智慧大脑，能迅速调取压裂设备关键部件的运行数据，以及作业区的现场工况。云平台系统结合上万条数字化的专家经验，在 1 分钟内，就可以迅速给出诊断结果。

"有了智能化，我们有很多的传感器，有很多数据分析模型，加上诊断系统，让我们知道设备在实际作业时，它里面到底是什么样子的。"

智造案例解读

过去三十多年间，中国装备制造技术的进步是一个不断引进吸收和消化的过程。在 2004 年以前，我国的油气田装备都是购买国外的产品和设备。不但设备成本高，有些设备还只能买到被国外淘汰的，设备操作培训和售后服务等方面都得不到保障。

杰瑞装备通过自主研发和制造，打破了多项国外技术垄断，仅用不到 10 年的时间，为我国页岩气开发提供了一半以上的装备，还成功打入国际市场，与北美百年老牌企业同台竞技。

一、智能制造的场景是什么

场景一：瑞云智联平台云—边—端开放协同

杰瑞瑞云智联平台面向整个油气行业，通过 4G/5G/ 卫星等完成全球所有装备互联；既是守护，更是赋能，是成套的压裂智能化解决方案。

该平台目前是国内油气行业内接入电驱设备及在线活跃设备数量最多、电驱压裂数据最丰富的平台。随着油气行业电驱化的深入、平台业务模型的不断完善，瑞云智联平台将会成为行业电驱智能化提升的数据核心。通过云—边—端开放协同，实现懂你所想、思你未虑，赋能油田压裂作业的智能化和无人化。

云端：自主开发的面向油服及相关领域的工业物联网平台，实现了装备 IoT 平台、数据科学平台、知识图谱平台、数字孪生平台等深度集成。

边端：杰瑞数装备字化指挥中心 + 杰瑞装备一键全流程智能压裂控制系统，实现了从目前的人工操作、凭经验分析到作业施工智能化，提升了作业效率，降低了施工风险，助力未来的井场无人化。

终端：杰瑞装备智能分析模块，部署杰瑞装备柱塞泵状态监测及智能诊断系统。实现了故障报警可视化、智能诊断预测，从原来的"按时维修"到现在的"按需维修"。

二、与以前相比解决了什么问题

解决问题一：根据场景调配设备

基于对设备的性能、生命周期等数据的分析，可根据场景需求，匹配适合的设备。

解决问题二：实现了所有设备的互联互通

实现了所有设备的互联互通，让设备位置、开工状态、能耗状态尽在掌控。设备操作由原来的每个工位分开操作升级为"全流程一键压裂控制"，减少了操作人员。

解决问题三：实现了设备全生命周期管理

实现了设备全生命周期管理。改变原有的做法，根据设备磨损情况及时更换，提升了作业的连续性。

解决问题四：云边协同

实现了云边协同。破除施工现场往往只专注于当下作业的问题，实现了整体协调，可以将二十年的行业经验直接赋能现场指挥人员。遇到施工难题时，推送类似案例及解决方案，大大降低施工风险。

第四节

足智多谋

高铁"中国芯"——IGBT 芯片

　　湖南株洲，高铁"中国芯"的诞生地，这里拥有中国首条、世界第二条 8 英寸 IGBT 芯片生产线。

下图就是 IGBT 芯片，它是现代工业的"电力大脑"，在高铁上、电动汽车里、智能电网中，这个"电力大脑"一刻不停地进行着能量转化控制，游刃有余地应对各种复杂考验。

一个 IGBT 芯片的诞生，要历经 2 个多月，就如同在一粒小米上雕刻亭台楼阁。多道工艺制程，每道制程必须精准到位，哪怕是一粒微尘的遮盖，都可能导致整批芯片报废。

"一芯难求"，它就是其中的一种。十多年前，中国高铁快速发展，但动车组所需的 IGBT 芯片依赖于进口，每年的进口资金花费就超过 12 亿元。为了降低成本，不服输的丁荣军下决心自己搞研发。

丁荣军
中国工程院 院士

跟计算机控制芯片相比，IGBT 芯片实际上两面都必须要刻有电路，这就使得它特别特别难。

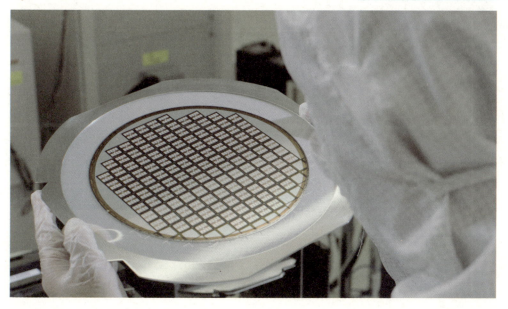

罗海辉

株洲中车时代半导体
有限公司 总经理

我们现在银烧结这么
薄的烧结层，厚度的
均匀性是一个问题。
我们要从一些工艺参
数，如温度、压力，
考虑怎么再优化一下。

我们采用了双面银烧
结技术，挑战也是非
常大的，要去实现一
个非常薄而且均匀的
银层。

　　随着IGBT芯片需求的暴涨，围绕这个"电力大脑"
的竞争日趋白热化。

　　薪火相传，株洲中车时代半导体有限公司总经
理罗海辉接过了丁荣军的接力棒，向大功率压接型
IGBT芯片发起冲刺。

　　使用低温银烧结工艺来做大功率压接型 IGBT 芯片，全球都没有先例。

　　烧结的银层越平整，芯片的受力就越均匀。然而，罗海辉使用的芯片面积，是现在常用芯片面积的 3 倍，并且进行双面烧结，要想保证大面积银层的平整度，难度提升了数倍。

　　银烧结均匀度不达标，意味着罗海辉他们只能重新开始。

　　与传统焊接型不同，压接型 IGBT 芯片是通过压力实现内部芯片与电极之间电气连接的。

压接时，哪怕有一个芯片受力不均，都会出现局部电流过大而导致模块失效。

压力试纸在压力作用下受压会显示出红色，印压颜色越均匀饱满，就意味着压力越均衡。

这一次，压接测试结果终于达到了目标要求，罗海辉他们成功做出全球功率最大的双面银烧结压接型 IGBT 芯片。

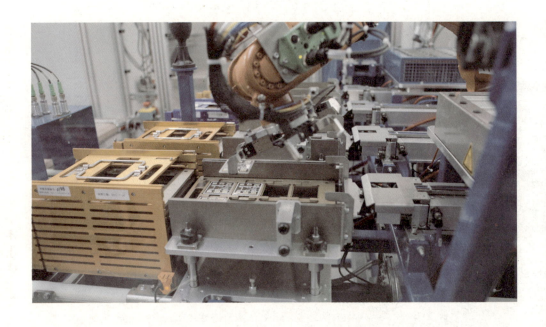

如今，国产 IGBT 芯片不仅广泛应用于轨道交通、新能源汽车中，更是在智能电网中大显身手。

东莞沙田，世界最新一代柔性直流换流站即将在这里投产。

这座换流站首次大规模使用了国产大功率 IGBT 芯片。

孟子杰

南方电网广东电网公司电力调度控制中心调度部经理

现在，广东每两度电中就有一度来自清洁能源。但清洁能源时而如暴雨倾盆，时而如涓涓细流。起伏不定的电流给电网运行安全带来了巨大挑战。

换流站如同在电网通道上加装了调节器，精准控制电能潮流的方向和大小。在这个科幻感十足的巨型阀厅里，未来，每小时就可以完成 300 万度交直流电的相互转化。

原来传统的交流电控制，就像一个直通水管，它流过了多少电力，我们需要从源头上来控制它，这个控制难度是比较大的。

樊健斌

东莞供电局变电管理
二所检修四班 班长

我们要对换流阀的旁路开关、开关状态连接部位，以及光纤进行检查，因为它们直接影响到了功率模块的可用性。

阀厅的核心就是换流阀上的 IGBT 功率模块，技术人员正在对它们进行投产前的最后测试。

东莞柔直换流站将正式载负荷运行。指令输入，阀厅里一颗颗动力"心脏"被瞬间激活。

大湾区直流背靠背电网工程可以宣布投运了。

拥有这样的智能电网，未来，海风将点亮粤港澳大湾区更多的灯。

成都智算中心
——中国西南地区大型算力"底座"

自古以来，人们就向往极目千里。

当人类进入空间时代，这样的向往终于变成了现实。

现在，仰望星空，我们的地球轨道上已经排布了 8000 多颗卫星，其中的上千颗遥感卫星就像照相机一样，每 24 小时就能完成 1.6 亿平方千米的影像拍摄，相当于一天对全球陆地全覆盖监测一次。如此海量的图片可以做什么呢？

孙 显
中国科学院空天信息
创新研究院 研究员

当前制作三维地图有很多方法，大部分都是利用建筑物在不同的视角下的多个影像来进行重建，而我们利用人工智能技术，开发了一个面向遥感领域的、通用的大模型，我们把它叫作"空天·灵眸"。

中国科学院空天信息创新研究院的团队正在用遥感图像制作三维地图，将二维变成三维，真实世界里建筑物的长宽高如何丈量呢？

把海量卫星数据输入"空天·灵眸"的数值模型中，仅仅 1.5 小时，就完成了对合肥 100 平方千米内所有建筑群的快速三维重建。

合肥市区的三维模型建好了，在这个过程中，其实需要超大规模的算力支持。而"空天·灵眸"的算力来源于远在 2000 千米外的成都智算中心。

机柜里的服务器指示灯交替闪烁，片刻不停，这就是成都智算中心，中国西南地区重要的算力"底座"。

成都智算中心的人工智能服务器集群，相当于 20 万台普通计算机，是最快的人工智能集群之一，突显着当今全球算力水平的强大。

现在，算力就像一百多年前的电力一样重要，正在重塑工业制造。

正是依托如此强大的算力，实现对大型客机进行流场模拟仿真，减少了风洞试验的次数。

邱耀鋆
华为川藏政企业务
副总经理

成都智算中心的人工智能服务器集群，每秒能支持30亿亿次的计算。3000万的DNA数据，在一天内就能完成计算。

李春生

华为昇腾 计算业务架构师

我们知道人工智能的算法当前已经达到万亿参数的规模，它对计算处理能力要求特别高。八柜人工智能计算集群，它的处理能力达到了160P FLOPS，接近10万台高性能PC的处理能力，达到每秒处理16亿亿次。

而这些强大的算力，正是源自昇腾的 Atlas 900 人工智能集群。这一智算中心的智慧大脑，从存储系统到软件系统，全部由中国工程师自主研制。

这里是华为南方工厂，具有超级算力的 Atlas 900 人工智能集群就在这里生产制造。

在单板生产线上，16个工序部署了23个机器人，6万个管脚、1.2万颗微型器件，全部自动装配，仿佛方寸间正在建造一座微缩的大型城市。而昇腾处理器是这座微缩城市中最靓丽的建筑，每块单板上安装有4个AI计算单元，由此让 Atlas 900 具备了超级算力。

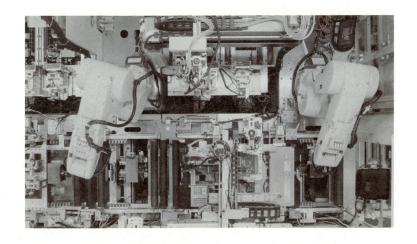

智造案例解读

　　制造业是传统行业，而人工智能是当下最为新潮的尖端技术，两者之间天然存在着鸿沟：懂制造的不懂人工智能，懂人工智能的不懂制造。因此，如何让两者有机结合成为了关键。华为由于自身的经验优势与产品特点，摸索出了一套适用于智能制造的经验与实践，并首先开放给了华为的EMS工厂与代工厂，将南方工厂的制造能力输出。人工智能技术与制造业的深度碰撞融合，为制造业进一步提供生产力，创造巨大的社会价值。

　　成都智算中心由智算云腾（成都）科技有限公司、成都市智算云端大数据有限公司、华为技术有限公司共同建设，总投资规模约109亿元。项目总体规模按照人工智能算力平台1000P FLOPS（FLOPS即每秒浮点运算次数，或每秒峰值速度）的算力，分两期进行投资，其中一期建设规模300P FLOPS。

　　成都智算中心围绕"一中心三平台"定位，打造全球领先的新一代人工智能计算平台，基于华为昇腾全栈基础软硬件建设，加强在智慧城市、交通、医疗、金融、制造等行业场景的应用示范，端到端打通"产学研用"全产业链，支撑国家战略任务落地、促进经济与产业发展融合。

一、智能制造的场景是什么

场景：科研创新和人才培养

基于华为昇腾 AI 基础软硬件，华为南方工厂上线了工业 AI 质检解决方案，支持工位级、线体级、车间级部署，通过 AI 工控机、AI 服务器等设备对质检工位回传图像进行 AI 分析，可以完成器件、标签等多种器件的质检工作，目前已经广泛应用于无线、终端、计算、固网等多个产品，涉及 191 条生产线，覆盖 400 多个工位，实现了由制造向"智造"的转变。

二、与以前相比解决了什么问题

解决问题一：提高视觉检测精度

由于器件形状复杂、光源不稳定等原因，传统的机器视觉检测精度通常难以超过 90%，不满足精度大于 99% 的要求。AI 可以学习光源参数，通过成像质量和光源参数之间的关系模型，自动进行参数配置，让机器具备了人眼检测的能力。

解决问题二：提高质检效率

传统视觉检测算法仍大量依赖人工复检，需要投入相当的专业质检人员才能保证生产节拍，质检人力效率整体低下。华为无线 5G 生产线使用昇腾 AI 进行质量检测，准确率提升至接近 100%，提升 3 倍质检人员效率。系统成功实现了多种复杂场景下的精确检测，通过 1 年不断实践，AI 视觉已经在 5G 生产线实现了 21 种物料、364 个目标的检测，实现了 5G 模块全流程 100% 视觉智能检测覆盖，检出率超过 99.9%，误报率小于 1%。

　　人类文明发源于大江大河，无论农耕，还是放牧，都要逐水而居。而今天的数字时代，大数据就像奔涌的河流，智能化的工厂接受它的滋养和灌溉，在强大的算力中蓬勃生长。

第五篇

智领未来

沉睡了亿万年的石英岩，被人类的智慧点化成一颗颗芯片，从此，冰冷的机器被赋予了生命，手拉手彼此协作，实现万物互联。

今天，碳基与硅基的结合，现实与虚拟的交互，正带来新一轮产业革命，汹涌澎湃，波澜壮阔。

第一节

智能大势

长春一汽——繁荣工厂

　　长春，中国的第一座汽车城。三年前，这里的汽车生产就已经实现部分零件的自动化装配。

　　在无人配送的总装车间里，每 7 分钟下线一台车，一条生产线可以做到 2 款车型柔性生产。

然而，这也仅仅只是汽车工业的 3.0 版，就在这个自动化厂房不远的地方，一座超级智慧工厂已经拔地而起。

这是一个拥有数字孪生体的汽车工厂，线上线下同时生产，生产线上的每一个细节，都能在过程数据里精准追溯。

当工程师在电脑上监控生产线时，发现底盘合装的拧紧曲线出现细微波动。担心这会影响后副车架与车身的紧固，中国一汽集团工程与生产物流部总装工艺部高级主任张国龙赶紧着手查找造成波动的原因。

他在试验台上，模拟生产现场拧紧作业，在两条曲线的差异里，他迅速判定是底盘合装的托盘精度出现了偏差。

要在以往，设备如此细微的问题根本无法被发现。

应用精度达到 0.01 毫米的三坐标测量仪，工程师对底盘合装托盘的各个定位支点进行测量，果然发现其中一个定位支点存在偏差。

跟踪调整后，拧紧曲线瞬间变得平滑。

张国龙

中国一汽集团工程与生产物流部总装工艺部·高级主任

现在我们拿到的是过程数据，就是一条曲线。如果有微小的变化，我们会在实验室里分析，是什么原因导致微小的变化，是否会有恶化的趋势。

这就是数据的魅力，让潜在的隐患及早被发现，让生产更智能。

这是一家数据驱动的工厂，灯光闪烁，设备里数据在欢快地流淌。

在这个超级工厂里，52万个数据采集点，分布在生产线的每一个环节，大数据源源不断地流进中控室，通过人工智能进行分析计算，辅助工程师们一起做决策。

当天要生产的车型任务，下发到冲压车间的中控台，数据直接到达设备端，相应的板料、模具，自动送到相应的工位。

冲压机张开"巧手"，自动硬压、剪裁。

这是一汽繁荣工厂首次采用的国产8500吨全自动冲压线，4秒钟就能裁剪出一个车身部件。

这也是一间驶向未来的工厂，生产线上颜色不同、型号各异的5种车型同时在一条生产线上生产，一分钟就下线一台新车。像这样的智能化程度在全球汽车制造工厂中屈指可数。

整条生产线就像一个交响乐团，在大数据的指挥下，时而灵动明快，时而恢宏浩荡，演奏出磅礴动人的交响曲。

不断积累的海量数据，正成为一汽繁荣工厂的巨大财富，工程师要用这些数据给更多的老厂做智能化转型。

从制造到智造，是一种彻底的技术变革，更是一场深刻的思想变革。

更多的工厂，为这场变革做好了准备。

智造案例解读

汽车产业是国民经济的战略性、支柱性产业，是一个国家制造业综合实力的标志。新能源汽车是目前全球汽车行业发展最为迅猛的代表。

如何应对产业冲击和挑战，抓住数字化转型、智能化变革的机遇，抢占新能源汽车行业制高点？

1953 年，中国汽车工业从长春起步。2021 年，一座百万产能布局的新能源超级智慧工厂——长春一汽繁荣工厂在这里拔地而起。

一、智能制造的场景是什么

场景一：总装车间智造场景

总装车间运用"AGV+'三明治'工装＋立体库"协作模式，结合智能夹具切换装置，实现不限车型、不限平台的全柔性混流生产，兼顾传统车型与新能源车型，年产能可达 24 万辆。

场景二：自主可控智能中控系统

智能中控系统通过车间生产线的数据采集、实时分析和智能应用，并与自动控制系统高效协同，提升生产线效能，实现生产线的高可靠运行。数字孪生虚拟工厂，实现了过程数据精准追溯和虚拟优化验证，发挥工厂数据的最大价值，为生产运营提供更多分析和帮助。

场景三：全球首套工艺级自动驾驶功能实验台

自动驾驶功能实验台集成了工艺级前轴转向鼓组、视觉目标模拟器、雷达目标模拟器，智能模拟复杂交通场景，实现自动驾驶功能产线端测试验证。

场景四：广泛应用低碳节能技术

干式漆雾过滤，循环风利用，将空气中的杂质过滤至 0.1毫克／立方米以下，并再次送入空调系统循环利用，能耗降低 50%。"沸石转轮 + RTO 焚烧处理"装置，VOC 去除率达 99%，热能回收率达 95%。集成光伏发电和梯次电池技术，每年节约标准煤 9.4 万吨，减排二氧化碳 23.7 万吨、二氧化硫864 吨。

二、与以前相比解决了什么问题

解决问题一：高频数据采集与监控平台

数据采集与监控平台，为工厂接入上百万个点位，可支持 5赫兹的采集频率，超过大多数主流数采设备。这也是国内头部主机厂最先在五大车间全面采用自研的数据采集与监控平台。

解决问题二：实现厂区内全生命周期节能降碳

压缩机热能转化率为 85%，可以供应全厂的淋浴用水。借助雨水收集系统，每年可节省用水上万吨。整个厂房屋顶采用光伏发电技术，每年可节约电费 100 多万元。

解决问题三：大幅缩短整车生产周期

实现冲压、焊装、涂装、总装四大工艺全流程智能化生产，整车生产周期压缩 7 个月，订单交付周期缩短 26% 以上。

第二节

智慧农业

内蒙古伊利——生态智慧牧场

天苍苍，野茫茫，风吹草低见牛羊，这是我们脑海中传统牧场的样子，而现在，同样是在内蒙古的敕勒川下，我们见到的牧场却是另外一番景象。

　　早晨一上班，内蒙古伊利实业集团股份有限公司（以下简称"伊利集团"）伊利集团敕勒川生态智慧牧场场长刘峰就来到了牧场的犊牛岛，给这里的小母牛做尾根静脉采血。

　　眼前的刘峰和我们想象中的"养牛倌"全然不同，他带着给小牛采集的血样，前往实验室进行全基因组检测。

曾经，国内牧场单头牛的产奶量还不到国外牧场的一半，除了优化奶牛品种，这个智慧牧场引入数字化、智能化技术，提升牛奶的产量和质量。

每天天还没亮，饲养员们就开始给奶牛准备早饭。

奶牛每天吃多少，运料车上的数据会提示他们，背后的牧场智慧管理系统给每个牛舍下发当天的食量。

刘　峰
伊利集团敕勒川生态
智慧牧场 场长

我们牧场现在进口了将近 6000 头牛，全部进行了基因组检测，以快速筛选出高产的繁育母牛。

　　奶牛每天用餐都要定时、定量、定配比，这直接决定着它们每天的产奶量。

　　这个牛舍里住的就是泌乳期的奶牛，它们肩负着每天的产奶任务，所以给它们的早餐既有玉米、青贮、苜蓿草、燕麦，还有矿物质和维生素，饲料车间里会根据系统数据自动配比。

　　整个牧场有 6000 头奶牛，但只有 5 名饲养员，一个人饲养1200 头牛。

　　吃完饭，奶牛们也该"上班"了，下图是全球最新的转盘式自动挤奶车间。

　　挤奶机转动一圈只需10分钟，一次同时给80头奶牛挤奶。

　　挤奶机模拟小牛吃奶时的吮吸感，感应到挤完奶，它自动脱落，然后把采集到的每头奶牛的产奶量自动上传系统。

每头牛从一出生就建有数据档案，耳朵上的黄色耳签就是它们的身份证。每头牛的身高、体重、卧床率，甚至脂肪沉积程度都会被监测，并实时上传到牧场的智慧管理系统。

此时，刘峰从这个智慧管理系统中，发现一头牛的产奶量当天下降了20%。他立即叫上医生，前去检查。根据系统的精准定位，他们毫不费力地就找到了这头牛。

他们打开风扇，通过降温来调节牛的情绪。

现在，这个牧场单头牛的产奶量是平均每天42公斤，已经与国外一流牧场的产奶量相当。

距离牧场不远的地方，一座智慧工厂正在加速建设。

下图是全球最快的灌装生产线，眨眼间，就有 4.4 包牛奶下线，每小时灌装 40000 包牛奶。

来自牧场、工厂，还有前方销售的数据都在大屏幕上滚动汇总。伊利数字科技中心负责人尚直虎和同事们正在运用这些数据，构建数字化的生态网络。

尚直虎

伊利集团数字科技中心 总经理

我们过去做用户调研，想要得到消费者的一些反馈，可能需要一两个月时间，现在只要一两天。技术的发展会驱动我们不断去体系化地升级整个集团的智能制造能力。

过去不可计量、存储和共享的东西，现在变成了可视的数据，这既是市场上新的决策依据，也是工厂产能的调配依据。这是一场革命，对海量数据的挖掘和运用，预示着新一波生产率增长浪潮的到来。

智造案例解读

内蒙古伊利实业集团股份有限公司作为乳业龙头企业率先在行业内推进全产业链数字化转型，打造伊利智能工厂。

该工厂使用了多种全球领先的交互技术，生产线全部采用欧洲卫生工程标准设计，引进国外先进蒸发干燥技术和高速听装生产线，产量效率提升 20 倍，产品生产速度在以往的基础上再翻一番；通过 3D 监控系统、智能化无人小车系统和"黑灯库房"的综合应用，打造全球一流的智能化物流仓储；依托 5G、工业互联网技术，在行业内首次采用数字化交付技术，引入全球领先的智能化 MES 管理系统，实现从前端的生产计划、生产过程到后端的出入库全部自动化管理。实现及时预警、自动数据采集和管理，打造全球技术最先进、自动化程度最高的数字化工厂。

一、智能制造的场景是什么

场景一：数字化混料

引入全球领先的智能化管理系统，实现产品生产全过程的信息管理。将小批次循环混料优化为大批次连续配料，将 55 摄氏度的热混料时间由原来的平均 1.5 小时缩短到现在的平均 20 分钟，降低了维生素等营养物质的损失以及微生物繁殖的风险，最大限度地保护产品营养价值。此外，通过运用原料在线计量，可使每罐奶粉的营养素配比精确到微克级，实现了产品配方的精准化，使营养成分更加接近母乳。

场景二：智能化精准投料控制

生产过程以 MES 系统为核心，在 MES 系统中制定用于生产的标准配方，以管控每个物料的投料量，并建立各产品的投料防错模型，以精准管理过程投料。相较于传统的人工投料，伊利智能工厂生产过程启动前，MES 系统根据生产计划、生产的执行进度及现场原料暂存罐的缓存情况，自动生成领料单并发送到原辅料管理 WMS 系统中，WMS 系统接收到领取请求后将合格的物料从自动立体仓自动下架，并交接给 AGV 小车；AGV 小车将相应的物料自动输送到需要投料的自动卸跺机器人处，并传寄给卸跺机器人相关的物料信息；卸跺机器人针对接收到的物料信息，通过自动扫码托盘上的电子 RFID 标签核对到货是否与计划要求的一致，并对每袋物料进行视觉拍照识别，核准物料信息后，将整托盘物料的每袋物料进行自动抓取并放到投料输送线；投料输送线上的自动割包设备对每袋物料进行自动割包，投料到相应的原料暂存罐，待各个罐的物料到达生产启动量后，混料系统启动自动下料程序。混料系统的下料量与 MES 读取到的下料量一致且与工单一致时，才能允许物料输送到混料机，待所有物料均按要求输送到混料机后，混料程序启动并按照设定的混料时间进行混料，从而保障混料的精准性。

场景三：数字化质量检化验

通过质量检化验 LIMS 系统，将影响质量的诸要素进行管理和控制，规范管理过程。同时将实验室不易管理的人、机、料、法、环等因素有效地进行流程化控制，帮助实验室以标准化模式运行，最大限度减少人为因素的干扰，确保检测数据真实可靠。通过 LIMS 系统，将仪器设备与 LIMS 系统对接，可实现检测数据自动录入系统，系统可自动完成对原始数据的处理，同时推送产品检验结果及检验报告到消费者的手机追溯平台，方便消费者随时查看。

场景四：质量预警及追溯管理

伊利智能工厂通过 MES 系统与设备的协同，实时获取生产过程中的各种工艺参数，如温度、压力等，并与设定的标准值进行实时对比分析，对不符合标准的进行预警，并通过内部企业微信实时通知相关人员及时处理，实现了质量风险的及时发现和预警，提升了产品质量。同时，智能工厂内的正反向追溯，也保证了伊利产品从牧场、生产制造、物流运输、经销商、门店到消费者的全链条追溯，通过产品追溯码或批次信息不仅可以查询整个生产过程、奶源及原辅料等信息，还可以查找对应批次产品的流通情况，为保障产品的质量提供依据。

场景五：智能能源管理

通过精准的用能预测、精确的能耗统计、实时的环保数据监测，实现工厂能源的智能化管理。在行业内首次引入能源智能集中控制系统（FMCS），实现对能源设备的分散控制和集中管理。

依托 5G 和工业互联网技术，操作人员可在任何区域通过手持设备，对能源系统进行远程控制。同时，工厂使用风能、太阳能等绿色清洁能源，助力企业可持续发展。

二、与以前相比解决了什么问题

解决问题一：实现原辅料的快速流转

通过智能仓储系统的统一管理，协同自动化立体库、无人小车、机器人，实现物料入库、储存、出库、装车全过程智能化、自动化、信息化、无人化，极大地提高物流运行效率。

解决问题二：实现精准投料和混料

通过实施生产过程执行系统，实现了从计划排产、工单分解、生产领料到过程防错的自动化管理，实现了生产过程的精准投料和混料。

解决问题三：实现检化验结果快速传递

通过质量检化验 LIMS 系统，实现仪器设备检测数据自动录入，系统可自动完成原始数据的快速准确处理，并通过与 MES 系统的协同，快速放行合格产品。

解决问题四：实现质量风险快速预警

通过内部企业微信实时通知相关人员及时处理。实现了质量风险的及时发现和预警，不仅大大提升了工作效率，也提升了产品质量。

解决问题五：实现全链条追溯

通过产品追溯码或批次信息，不仅可以查询整个生产过程、奶源及原辅料等信息，还可以查找对应批次产品的流通情况，为保障产品质量提供依据。

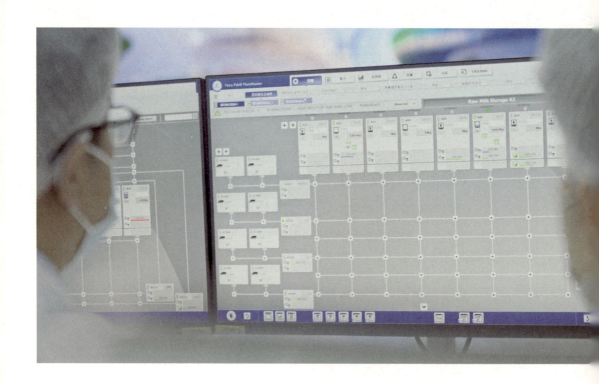

海南普盛——智慧海洋牧场

四季轮回，耕海牧渔，海南普盛海洋科技发展有限公司董事长纪炜文和祖辈们一样以海为生，但他的方式却超乎大家的想象。

六层楼高，三万立方米，六个篮球馆大小，能抵御 17 级台风，这个由中国人自主设计建造的钢结构和智能系统组合而成的平台，被纪炜文命名为"普盛海洋牧场 1 号"，这是他在距离海南乐东海岸八海里处建立的一座半潜式养殖平台。

纪帐文

海南普盛海洋科技发展有限公司 董事长

我们海上作业的风险是比陆地上的任何产业都高的，那么要以什么来平摊风险，或者规避风险，这就要依托科技的力量。

普盛海洋牧场 1 号控制中心的智慧大脑，通过分析水下传感设备实时传输的图像和数据，实现了全天候鱼群监控和水质监测。

水下 24 米，机器人正在清理网箱里的垃圾。科技力量，点亮海洋牧场的蓝色梦想。

淡水来自平台上的海水淡化系统，而电则来自平台顶层的光伏板。

夜晚，平台灯光亮起，灯火阑珊处，一夜鱼龙舞。

脚踩碧波海浪，眼望海天一色。未来，远道而来的客人也能头枕波涛，体验梦幻。

到了秋季，32000 尾鱼苗就可收鱼 80 万斤，纪帐文在耐心等待属于他的收获季节。

这片海，你要用心、用情去耕耘，它也许会给你丰厚的回报。

智造案例解读

　　海洋渔业资源，是重要的海洋生物资源。推动海洋渔业发展，理应从整体上提高海洋开发能力，既要扩大海洋开发领域，又要加强海洋产业规划和指导。海南省是我国海水养殖产业发展的策源地，长期引领我国海水养殖产业发展潮流，但目前海南省近海养殖空间、密度已接近极限，后续发展能力受限，与欧美发达国家相比，海南省乃至我国深远海设施渔业仍存在智能化装备建设不足、专用配套设备系统覆盖率不高、高端设备进口依赖严重、产业链供应不足等诸多制约因素。另外，海南省地理位置特殊，海域环境相对恶劣，存在水域深、风浪大的海域环境特点，海水养殖产业由近海迈向深远海需要智能化渔业装备及养殖配套设备的支撑。推动建设并完善深远海养殖技术和装备产业全产业链，助力培育现代化海洋牧场全产业链。只有不断地提高开发能力，持续向信息化、智能化、现代化转型升级，才能更好地让海洋渔业发展成智慧渔业，让海水养殖不断向深海挺进。

一、智能制造的场景是什么

场景一：海洋环境原位立体实时在线监测

　　配备具有原位观测、层次性数据采集、立体化剖面观测能力的海洋环境原位立体实时在线监测系统，为海洋牧场养殖、海洋剖面分析、水体变化预警，以及近海大气污染成因的研究提供真实的数据支撑，为提高牧场利用率、认知海洋环流等作用机理、揭示近海大气污染循环影响机制等开辟了可行性技术道路。

场景二： 网衣清洗

　　网衣清洗机器人是用于网衣清洗的专业设备，采用空化水射流技术清洗网衣，可以清洗海草、贻贝等生物附着，有效解决了人工潜水洗网的困难，降低了由于网衣生物附着引起的网箱结构安全隐患，以及养殖水体与海域水体交换率降低、水质变差的养殖风险。

场景三：自动投饵

自动投饵系统是一项高效养殖配套技术，该系统由供料系统、动力系统、分配系统、喷洒系统和控制系统组成，可实现不同规格饵料的定时、定点、定量自动投喂。该系统可实现现场或远程操作，具备投喂规划、参数设定、数据存储及历史数据查询等功能，实现无人值守的全自动投喂。简洁高效的管路系统和智能调节的输送能力，极大地降低了饵料输送过程的破碎率。

投饵系统采用风机作为动力源，以空气为输送介质，使饵料以安全速度在管道中呈现分散悬浮的状态进行输送。该系统具有输送距远、输送量大、饵料破碎率低等特点。

二、与以前相比解决了什么问题

解决问题一：水下智能作业，降低人员投入及作业风险

采用水下智能机器人代替传统人工洗网作业，提高洗网作业效率，降低人员水下作业潜在风险。

解决问题二：智慧投喂，降低饵料成本投入

根据流速、流向、风速、风向等数据选择合适的投喂口进行投喂，根据用户的设置定时定量进行投喂。依据环境数据、水下生物监控数据等参数，在下行投饵设备支持的情况下，选择合适的投喂策略对投喂过程进行精确管理，最大限度地减少饵料浪费，实现智慧投饵。

第三节

闻"机"起舞

工业软件——智造灵魂

深海技术科学太湖实验室，一场特殊的水上试验将在这里进行。

中国船舶科学研究中心新兴技术研究室主任丁军和他的团队正在设计一座海洋科学试验平台。

他们将通过水上试验，来验证数字仿真的结果。

丁 军

中国船舶科学研究
中心新兴技术研究
室 主任

没有可参考的，我不
知道，别人也没做过。
我们就是通过现在已
有的方法先算一个出
来，但是我们心里也
没底，所以那个时候
是比较着急的、比较
难的一个时间段。

这次模拟海上3米浪高时，模型在波浪作用下的运动幅度。数据通过传感器，实时传输到电脑上。

海洋科学试验平台是世界首座双模块连接的浮式平台，要把这个4000多吨的庞然大物锚泊在深海的海岛旁边，全球都没有先例。

和普通的海上石油平台不同，海洋科学实验平台安放在海岛附近。海岛周边的海底犹如山丘，高低不平，甚至每个角度的浪高都不一样，这些因素都直接干扰海洋科学试验平台。

丁军他们必须完善仿真软件，修改平台设计方案。

而我国船舶工业设计和仿真软件一定程度上依赖进口，实现国产化迫在眉睫。

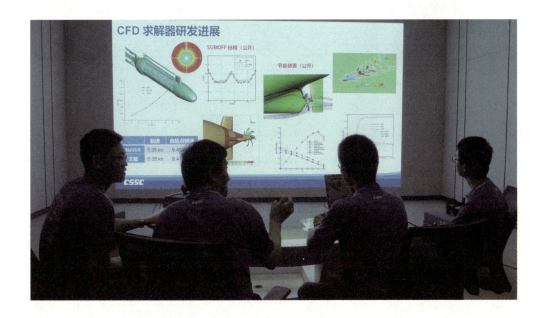

丁军他们就自己研发海洋装备的数字化仿真软件。

工程师们正在优化求解器。

求解器，仿真软件的底层核心，是无数个函数方程的组合。

他们从基础公式入手，增加了方程右端的条件计算。

三年时间，就是这样不停地计算，丁军和团队终于突破了求解器难题，做出了海洋装备自主化仿真软件，加快了海洋装备的设计研发。

中国船舶科学研究中心高级工程师苗玉基要乘船到海洋科学试验平台，他也参与了这座浮式平台的设计和仿真软件研发。而苗玉基此行也带着丁军的嘱托与牵挂。

苗玉基
中国船舶科学研究中心 高级工程师

当我在远处张望这个平台的时候，感觉自己设计出来的这个构型真真正正地浮在了海面上，那种喜悦感和幸福感就油然而生了。

下图这座矗立在海上的庞然大物，就是世界首例多模块浮式平台——海洋科学试验平台。它主体长 60 余米、宽近 30 米，采用 8 根长约 170 米的水下锚链固定，可以搭载各种海上试验系统和设备，是未来海洋开发与保护的重要依托。

苗玉基此行的任务，就是收集分析平台真实的运行数据。他在查看连接器的主轴，连接器就像两个平台的手，紧紧握在一起。

整个平台布设了 120 多个传感器，全方位采集所有的运行数据。

现场数据回传到无锡总部，丁军他们正在设计下一个相关海洋装备，这些数据非常宝贵。

未来，还将有更多智能化的海洋装备，布放在美丽的蓝水海域。

工业软件，智能制造的灵魂。它的每一次突破，都给中国智能制造打开一扇新的大门。

工业软件，任重道远，但可喜的是，坚韧走来，已经曙光初现。

秦川机床——工业母机

这里是全球最大的重型汽车变速器生产制造基地，高度智能化的生产模式代替了传统制造。齿轮作为变速器最重要的组成部件，它的齿形精度、齿向误差都必须小于 0.006 毫米，这需要由高精度的数控磨齿机来实现。

机床被喻为工业母机，它的制造水平，体现一个国家的工业能达到的高度。攻克高端数控磨齿机的技术，中国工程师用了 60 年时间。

在秦川机床工具集团股份公司（以下简称"秦川机床"）的厂房里，工程师正在装配新一代双主轴蜗杆砂轮磨齿机的主轴。

主轴装配，是保证磨齿机精度的一道关键工序。秦川机床工具集团股份公司高级技师侯海峰亲自上阵。

主轴装配最难的就是后端轴承与前端轴承必须保持同心，只有这样，轴承长时间高速运转才不会磨损，而且保持精度不变。

装配完成，经过千分表测量，主轴在空间各方向上的摆动量不超过 2 微米。

侯海峰

秦川机床工具集团股份公司 高级技师

用手拨轴启动的那一下，手上感觉到有那么点力。再就是转起来以后呢，感觉它是转得顺溜平稳的。

田 沙

秦川机床工具集团
股份公司技术研究
院 原院长

这么重要的一个零部
件，那我们想呢，那
肯定要依赖国外。但
是得到的回答是，这
个电机不会销售给你
们，那么我们只能是
靠自己。

我们中国的机床只能
靠我们中国人自己
来做。

接下来，工程师开始测试，在伺服电机驱动下，主轴高速运转产生的振动频率，是否与机床的频率相同而产生共振。

一旦产生共振，就会影响齿轮加工的表面精度。

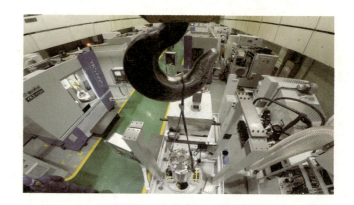

这是秦川人历经三年攻克的一项关键技术，应用国产伺服电机，保证了磨齿机主轴的加工精度。

双主轴磨齿机是超精密磨齿加工的核心设备，全球范围内具备这个生产能力的企业仅有 3 家，一台高精度磨齿机的价格大约 1 千万元，并且交货周期长达一年。秦川的工程师攻克了双主轴无缝衔接、协同工作的难题，填补了这项技术的国内空白。

主轴的安装，意味着新一代双主轴数控蜗杆砂轮磨齿机在秦川诞生。

　　机床启动，在控制系统的指挥下，双轴自动对刀，以确保加工时砂轮能够准确进入齿轮的齿槽中。

　　砂轮的转速决定着磨削的效率。五年前，秦川机床的工程师研发的第四代磨齿机，砂轮转速只有4000转／分钟，而现在，砂轮转速达到10000转／分钟，相当于砂轮每秒转200圈。以前，一个齿轮磨削至少需要3分钟，而现在40秒就完成了。

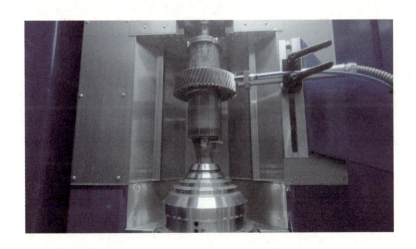

张国辉

秦川机床工具集团股
份公司 主任设计师

以前就是用眼睛看，
看那个火花，磨削时
火花出来了，人工把
这两个位置计算出
来，会有偏差。采用
声纳技术以后，余量
控制得更准确。

秦川机床工具集团股份公司主任设计师张国辉还给这台机床安装了一只智慧的"耳朵"，这只"耳朵"就是声发射传感器，它要感知的是砂轮与工件接触时发出的高频声纳信号。就像海豚靠声音在水中的回波寻找同伴一样，声发射接收器接收到信号，系统就能获取砂轮接触工件时工件轴的位置，把数据实时传输给机床的"大脑"，"大脑"会根据设定的程序，快速计算并进行智能修正，实现均匀磨削。

声发射技术的创新，是磨齿机由数控化迈向智能化的重要一步，让中国拥有了更加精密的工业母机。

现在，双主轴蜗杆砂轮磨齿机加工出来的齿轮，齿廓形状与标准齿形的误差只有 1.5 微米，这是头发丝直径的四十分之一，达到国际先进水平。

在秦川机床减速机数字化生产车间里，工程师们用自己研制的磨齿机，建立起自己的减速机生产线，实现了工业机器人核心部件的突破。

　　现在，这里每天批量制造着可用于5~800千克不同机器人的减速机。这里生产的减速机，让中国成为世界上第二个能达到传动误差和回差均在1弧分之内的国家。

智造案例解读

　　秦川机床，1965 年从上海内迁至陕西宝鸡，中国精密机床制造行业的龙头企业。磨齿机是秦川机床代表性机床产品之一，主要用于汽车、工程机械、航天航空、矿山机械等领域。1965 年，计划经济时，它就是中国唯一定点生产磨齿机的企业。目前，能生产这种磨齿机的并达到加工工艺标准的企业寥寥无几，而秦川机床不但使磨齿机加工零件的精度达到了微米级别，也实现了整个生产线的智能化。利用大数据，这里机床的精度还在进步。

在秦川机床机器人减速器生产线，工程师就用上了自己生产制造的工业母机——磨齿机。减速器是工业机器人的核心部件，其成本占机器人总成本的近三分之一，长期以来，工业机器人减速器依赖进口。减速器高传动精度的特点，决定了关键零件的加工精度要求非常高（零件精度均在微米级），所以批量生产的话，质量的一致性很难达到。秦川机床从 20 世纪 90 年代就承担了减速器制造项目，当时根本无法在保证精度的同时实现批量生产。2000 年前后，按传统的工艺方法，减速器一个零件的生产就需要 100 台设备，而在秦川机床只需要 10 多台设备就可以完成。现在在秦川机床的减速器数字化生产车间里，机床互联互通，在保证了精度的前提下，实现了批量产品的一致性。

作为一家机床生产企业，用自己生产的磨齿机，搭载智能化系统，建立自己的减速器生产线，实现了工业机器人减速器这一核心部件的突破，生产的减速器可以应用于 5~800 千克不同机器人及自动化应用的选配，广泛应用于冲压、焊接、教育、包装、码垛、3C 等行业。目前，全世界减速器能达到这种精度的除了秦川机床就是日本的纳博特斯克，传动误差和回差均在 1 角分之内，寿命稳定在 6500 小时以上。

一、智能制造的场景是什么

场景：利用声纳信号感知和调整机床状态

声发射技术在磨齿机磨削加工中的应用，是磨齿机由数控化迈向智能化的重要一步。

因为磨齿机在工作时不断有冷却液冲洗，螺旋面等部位工业相机无法拍清楚，而磨齿机刀头的转速传感器测速也抓取不到，所以机床状态的感知选用了声纳技术。

通过设定正常生产时的声纳频率参数范围，数据实时传输给机床"大脑"，通过计算得出角度、力度的调整值，实现自动对刀、齿轮与砂轮相位智能判断、加工余量均衡控制、表面磨削质量控制、砂轮适时智能修整等功能。

而在这个过程中，机床的工艺数据也实时上传到秦川机床云数据中心，以达到质量监测、后期工艺升级迭代、通过数据建模完成未来预测，以及实现全生命周期管理等。

二、与以前相比解决了什么问题

解决问题一：突破自主化工业母机

提高了磨齿机的加工精度，让关键装备的零件制造，有了自己的工业母机。

解决问题二：关键零部件批量化生产的一致性问题

磨齿机解决了减速器关键零部件批量化生产的一致性问题，保证了在一定精度的前提下，通过数字化、智能化实现批量产品的一致性。

解决问题三：减速器制造水平达到国际领先

秦川机床生产的减速器，让中国成为世界上第二个减速器能达到传动误差和回差均在 1 角分之内的国家。

第四节

驭势者赢

工业富联——精密制造

一块金属板，被打磨得像镜子一般光滑，但它不是镜子，而是你手中正拿着的手机的背板。镜面效果，已经是智能手机背板的标配。

一项超精密加工试验正在进行，工业富联董事长李军旗每天都在关注进展。

李军旗
工业富联 董事长

切肉和切骨头是不一样的，但是我们的技术需求，就是要用切铝合金的这种加工品质和效率来切不锈钢，这就相当于要用切肉的感觉去切骨头。

2017 年，客户要把手机的背板材料由铝合金改成不锈钢。当时，全球顶尖的刀具公司都被请到了深圳，但没有一家企业能攻破难关。

干了十几年精密制造的李军旗做了个决定，自己上。

在电子产品的精密加工中，刀具就是生产力。小小的刀具，却能衡量一个国家的制造实力。经过反复试验，李军旗终于调出了刀具的碳化物材料配方。

在实验室里，正在检测钨钢刀具的外观轮廓度。实际轮廓线与理论轮廓线的最大外偏差为 0.0039 毫米，最大内偏差为 0.0018 毫米，精度达到微米级。

但如此精密的刀具实现量产谈何容易。

2018年，客户对钨钢铣刀一个月的需求量就有300万件，传统的生产线根本无法满足，李军旗下决心改变生产方式。

在佛山，李军旗他们建起一条刀具智能生产线。在这里，智能装备开始展现它的魔力。

一块块刀材由 AGV 小车自动运送，在流水线上登场。刀具棒料在机器人手中传动、装夹，由数控机床执行精密加工。

视觉传感器取代了人眼检测刀口崩缺。新的算法快速判别砂轮磨损是否超标，并自动完成修复。

在线实时检测，能及时发现隐患，并将数据传递给机床，利用人工智能算法驱动机床调整参数。

设备产生的数据，实时上传到工业互联网平台，平台嵌入的人工智能算法代替技术人员进行设备监测。

此时，车间设备发生故障，在园区另一端的中控室里，工程师通过 VR 技术，在线查找故障原因，向现场传送解决方案，标记的检修点直接展现在现场技术人员的 VR 眼镜里。

30 年前，李军旗在读硕士时就是研究智能制造，但当时他觉得智能制造还遥不可及。

他亲自参与设计，让一把精密刀具的制造过程可感知、可预测、可控制，让量产成为现实。现在，工业富联这家工厂的非标钨钢刀具生产规模，已经达到日本最大钨钢刀具厂的 10 倍。

"没有金刚钻，不揽瓷器活，实际上就是这个金刚钻怎么做出来，才能解决瓷器活的制造问题。这个突破了以后，基本上带动了这一波的消费型电子产业的大规模的普及制造。"

刘宗长
工业富联 首席数据官

当我们把现场的状况都能够远程掌握，并且把现场可能存在的隐患也都能够及时地预测、预防，这时候我们就可以放心把现场的灯给熄掉，实现这样的一个无忧的生产环境。

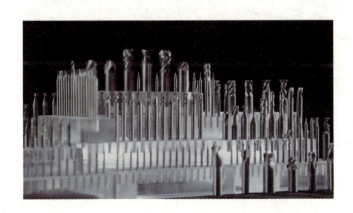

无锡先导——智能锂电

当今，汽车制造业正在经历一场电气革命。2022 年，全球新能源汽车销售超过一千万辆，每新增三辆新能源汽车，就有一辆装载了中国制造的电池，而在中国新能源电池产能增长的背后，则是不断迭代的智能化电池生产装备。

无锡先导是全球最大的新能源电池装备生产基地。

车间里，无锡先导智能装备有限公司董事长王燕清正带着团队研制最新的动力电池切叠一体机。

动力电池切叠一体，好比烘焙千层蛋糕，正极片、隔膜和负极片，快速叠放在一起。怎么叠才能又快又整齐，这始终困扰着王燕清。

他们加入3D机器视觉，让设备多个动作更加协调，已经加快到了0.6秒叠一片，但这样的速度叠完整个电芯用时将近1分钟，他们提出新的目标——叠片速度再提升0.1秒。

夹在正负极片之间的隔膜薄如蝉翼，厚度只有9微米，一抓起来就左右飘动。

王燕清他们正在做运动仿真试验，看隔膜摆动时的加减速曲线，打算通过算法寻找最适度的张力控制，让隔膜平整对齐。

王燕清
无锡先导智能装备有限公司 董事长

在这样高速的情况下，既要叠得整齐，还要使隔膜不破损、褶皱，所以我们必须解决隔膜张力的运动控制问题。

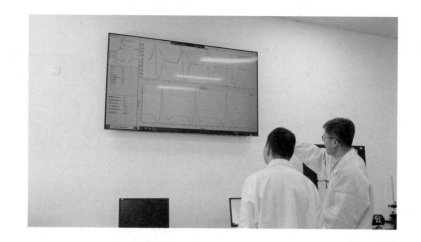

　　而此时，就在旁边的车间里，工人们正在生产动力电池卷绕机，这是当下动力电池生产最常用的设备，也是王燕清带领团队从无到有研发出来的成果。

　　十年前，关于新能源电池，其实王燕清还一窍不通。

　　那时候，王燕清还在做高压电力电容全自动卷绕机，但他突然接到一个日本订单，需要做锂电池全自动卷绕设备。

　　王燕清虽然连电池卷绕机都没见过，但他没有犹豫就接了下来。

不服输，敢为天下先，这是根植于他骨子里的基因。

很快，王燕清带着大家生产出了第一台锂电池卷绕机，使得无锡先导一跃成为国内最大的锂电池卷绕设备制造商。

继卷绕机之后，王燕清又带着大家向难度更高的切叠一体装备发起攻关。

经过数以千计的仿真模拟和算法优化后，他们终于找到了控制隔膜张力的最佳方式。

眼前这台高速切叠一体机，两万个零件组合在一起，犹如一件精美绝伦的艺术品。

全程没有人工干预，正负极片、隔膜自动剪裁，再自动叠合成电芯。这一次叠片速度终于提升了 0.15 秒，每 0.45 秒就能叠一片。

这批动力电池切叠设备即将交付，王燕清来查看出厂前的最后调试。

下图就是新能源汽车电池里的电芯，77 层极片叠在一起，极耳的对齐度肉眼可见。

技术进步没有止境，在超洁净实验室里，工程师正在进行一次激光试验。探索用激光器切割锂电池的极片材料，减少毛刺和粉尘。

一旦成功，这又将再次成为引领全球新能源装备的高端制造。

现在，这批切叠一体设备将被运往欧洲的锂电池工厂。目前，世界排名前十的锂电池企业，一半以上都在使用无锡先导的智能化装备。

新的研发之路仍在继续。每一次探索，都是为了让中国技术在世界舞台上留下华彩舞步。

"其实无锡先导的发展史，就是中国制造业的一个缩影。国家的强大，就是要有很多像我们这样的企业，我们中国有 1000、10000 个无锡先导，那中国就非常强大了。"

智造案例解读

中国新能源汽车销量连续多年位居全球第一，动力电池的成本占到新能源汽车的一半，而动力锂电池切叠一体设备，关乎着动力锂电池产品最终的安全性、一致性和可靠性，间接影响着新能源汽车的性能。锂电池装备叠片技术的难点，主要在于难以同时满足高效率和高稳定性的一致要求。

2021 年，无锡先导成为全球最大的动力电池装备服务商，也是全球唯一一家具备完整自主知识产权的整线解决方案服务商。

一、智能制造的场景是什么

场景一：生产线数字孪生智造场景

通过生产线数字孪生、高度协同信息化集成系统，叠片设备可以实时反馈设备实际生产数据和设备状态，数字孪生技术实现在线设备智能优化和调试，解决设备运转过程中的实际问题。

场景二：高效切叠一体制造场景

第三代切叠一体设备运行场景，经过工程师多年的连续钻研，采用了多工位高速叠片、高速 CT 机器视觉检测、多级纠偏控制等前沿技术，叠片速度从 1.2 秒 / 片逐步发展到 0.8 秒 / 片、0.6 秒 / 片、0.45 秒 / 片，并最终实现 0.15 秒 / 片的极致单工位效率，每分钟能够叠出超过 800 片电芯。

二、与以前相比解决了什么问题

解决问题一：提升叠片效率

同时集成了制片和叠片功能，跃进式地提升了 1 倍以上的叠片效率，设备运转的自动化率达到了 100%，实现了全智能和自动化运转。

解决问题二：提升电池产品可靠性

无锡先导研制的切叠一体设备具备自我检测、定位功能，能够克服复杂工况，完成自适应智能程序优化，整机综合稼动率提升到 80% 以上，能够大大地提升动力电池生产企业的生产效率和产品质量，降低制造成本，提高电池安全性。

我们接过前辈的火把，沿着人工智能的路奔向远方，

我们手持一朵云，把机器轰鸣的工厂点亮，

我们赋予设备智慧，让它长出羽翼，拥抱星河万里。

在第一缕阳光中，我们看到未来的自己。

古往今来，一切工具都是人类肢体的延伸，从慧眼识真到得心应手，工具拓展了我们认识世界的广度，雕刻了我们改造世界的精度，重塑了我们利用物质、信息与能量的强度。近两百年来，人类社会的飞速发展得益于工具的发展，它帮助我们突破了人类肢体的边界。

而如今，随着智能制造不断深入中国工业领域的方方面面，工具，一步步开始成为人类大脑的延伸。

我们赋予设备智慧，让它长出羽翼，拥抱星河万里。

我们站在新工业革命的起点极目眺望，在第一缕阳光中，我们看到未来的自己。

这是两百多年来人类工业发展史上最重要的突破，这是全球最大工业国踏浪而歌的崭新征程。

不尽狂澜走沧海，一拳天与压潮头。

中国制造，智造中国。